Lb⁴⁹
1388.

ANECDOTES

HISTORIQUES ET POLITIQUES

POUR SERVIR A L'HISTOIRE

DE L'EXPÉDITION D'AFRIQUE.

Librairie de C.-A. Dentu.

ÉPITRES POLITIQUES
SUR NOS EXTRAVAGANCES,
PAR LE BRUN DE CHARMETTES.
In-8º. Prix : 3 fr.

DE L'ÉTAT MILITAIRE
EN FRANCE,
AVANT ET APRÈS LA RÉVOLUTION DE 1830.
PAR LE COMTE DE LOCMARIA.
In-8º. Prix : 75 c.

SOUVENIRS
DE LA CAMPAGNE D'AFRIQUE,
PAR
THÉODORE DE QUATREBARBES.
SECONDE ÉDITION,
revue et considérablement augmentée.
In-8º. Prix : 3 fr.

POSSIBILITÉ
DE COLONISER ALGER.
PAR J. ODOLANT-DESNOS,
Ex-payeur-adjoint de l'armée d'Afrique, secrét. de la Société d'économie de l arts, chargé
de recueillir des observations sur l'agriculture des environs d'Alger
In-8º. Prix : 1 fr. 50 c.

QUELQUES-UNES DES CAUSES PRINCIPALES
QUI ONT AMENÉ
LA RÉVOLUTION DE 1830.
PAR UN ANCIEN MEMBRE DE LA CHAMBRE DES DÉPUTÉS.
In-8º. Prix : 2 fr.

ANECDOTES

HISTORIQUES ET POLITIQUES

POUR SERVIR A L'HISTOIRE

DE LA CONQUÊTE D'ALGER

EN 1830.

PAR J.-T. MERLE,

SECRÉTAIRE PARTICULIER DE M. LE COMTE DE BOURMONT,
COMMANDANT EN CHEF L'EXPÉDITION D'AFRIQUE.

> Je prierai les lecteurs de ce mien labeur, qu'ils vueillent prendre en bonne part tout ce que j'y ai escrit; vous asseurant tout ce que j'afferme avoir veu estre véritable; et quant a ce que je récite avoir ouy, je le tiens de gens dignes de croire.
> (JOINVILLE)

A PARIS,

CHEZ G.-A. DENTU, IMPRIMEUR-LIBRAIRE,
RUE DU COLOMBIER, N° 21;
ET PALAIS-ROYAL, GALERIE D'ORLÉANS, N° 13.

M DCCC XXXI.

A

MONSIEUR LE MARÉCHAL, COMTE

DE BOURMONT.

Monsieur le Maréchal,

Quand j'ai eu l'honneur de prendre congé de vous à la Cassauba, vous étiez au moment de quitter Alger; vous vous occupiez encore sans relâche des besoins et de l'avenir de votre armée, et des récompenses que vous demandiez pour elle; je fus témoin de votre constante sollicitude, pour le repos et la prospérité de la conquête dont vous veniez de doter votre patrie; vous receviez les sermens du bey de Tittery et sa soumission au roi de France; vous donniez vos dernières instructions à votre fils aîné, chargé par vous d'aller soumettre Oran, et vous ordonniez en même temps les apprêts de l'expédition de Bone; vous étiez environné de l'estime de vos compagnons d'armes et de l'admiration de l'Europe (1) : rien ne manquait à votre gloire!

Aujourd'hui, c'est sur la terre d'exil, où la tempête politique vous a jeté, que je viens

---

(1) Les galeries de la Cassauba et les salons du maréchal étaient remplis, tous les jours, des consuls de toutes les nations, qui venaient faire leur cour, et d'étrangers de distinction, qui sollicitaient l'honneur d'une présentation. Dans ces réunions, ce n'était qu'un concert de louanges sur l'éclat et la grandeur de la conquête, sur la rapidité de nos victoires, et sur les talens militaires du général en chef.

vous offrir le témoignage de mon inviolable attachement; j'ose espérer, Monsieur le Maréchal, *que vous daignerez accueillir le modeste souvenir d'un homme que vous avez honoré de votre confiance. L'excuse de la liberté que je prends de placer votre nom à la tête de cet ouvrage, se trouve dans le noble exemple que vous donnez, d'une si touchante fidélité à tant d'augustes infortunes.*

Je m'estime heureux de trouver une occasion de vous renouveler l'hommage du respectueux dévouement avec lequel je serai toujours,

MONSIEUR LE MARÉCHAL,

Votre très-humble et obéissant serviteur,
J.-T. MERLE.

Paris, 5 juillet 1831.

L'expédition d'Afrique est impossible; elle est ruineuse; elle est inutile; elle n'aura aucun résultat : tels étaient les thêmes sur lesquels tous les organes de l'opposition composaient leurs diatribes contre l'entreprise la plus grande, la plus noble, la plus glorieuse et la plus morale qui ait honoré l'histoire d'une grande nation. Amiraux, pairs de France, députés, journalistes, tous s'étaient ligués, dans les intérêts du libéralisme, contre l'exécution de la volonté royale. Discours, pamphlets (1), articles, caricatures, rien ne fut épargné pour flétrir

(1) Il est curieux de se rappeler avec quel mépris et quelle légèreté on traitait cette expédition, qui, malgré le dépit qu'on en a, sera regardée comme une des grandes gloires de la France. M. de Laborde la trouvait *injuste dans son origine, imprudente dans sa précipitation, infructueuse dans ses résultats,* COUPABLE ET CRIMINELLE *dans son exécution.* Avec ce ton de bonne ou de mauvaise plaisanterie qu'il mêle aux choses les plus sérieuses, il feignait de ne voir dans la conquête d'Alger, et dans la destruction de la piraterie, qu'*une Iliade pour un ministre, et une croisade pour des traitans.*

M. l'amiral Verrhuel, à la tribune de la Chambre des pairs, a déclaré, le 6 mars 1830, que son expérience, comme marin, lui donnait la conviction que le succès de l'expédition était *impossible.*

d'avance les lauriers de notre armée. Le parti qui se disait *national*, ne rougissait pas d'avertir le dey de son danger, de le prévenir de nos préparatifs, de lui faire connaître nos forces et de lui divulguer nos moyens d'attaque. On ne recula pas devant l'idée d'en appeler aux intérêts de l'Europe contre cette expédition ; on effraya les peuples sur ses résultats, et on se félicita hautement d'avoir amené la diplomatie anglaise à intervenir dans la destination de notre conquête présumée.

Le ministère du 8 août, au nombre de ses fautes, ne comptera pas au moins celle d'avoir méconnu les exigences de la dignité nationale et d'avoir compromis l'honneur de la France. L'expédition d'Afrique a été entreprise malgré l'Europe; elle a réussi malgré le parti libéral. En vingt jours, la piraterie, qui désolait la chrétienté depuis trois cents ans, a été détruite : *Alger la guerrière* a succombé sous les armes de la France; l'étendard du dey a été remplacé par le pavillon blanc; 60 millions trouvés dans le trésor de la Régence ont payé les frais de la guerre; huit cents bouches à feu d'un grand prix et d'une grande beauté, sont dans nos arsenaux, et une colonie aussi vaste que la France, qui n'attend que les bienfaits de la culture et de la civilisation, pour nous offrir tous les produits des deux Indes; tels sont les premiers avantages que nous avons retirés d'une entreprise dont le succès a eu pour récompense la chute d'un trône de quatorze siècles et la déchéance du prince qui avait conçu et fait exécuter ce vaste projet.

Que la France régénérée par la révolution de juillet mette cinq cent mille soldats sur pied ; qu'elle menace l'Europe de ses armées et de son drapeau tricolore ; qu'elle dévore chaque année 1,500 millions d'impôts ; qu'elle courre après la chimère de ses nouvelles gloires de propagande, payées d'avance par la ruine de notre industrie commerciale et agricole ; qu'elle se complaise dans les illusions de ses prospérités futures et dans les rêves d'une liberté effrayante ; qu'elle réalise même les bienfaits de sa république, la restauration comptera dans quelques années avec elle : nous verrons alors laquelle des deux sera redevable à l'autre de gloire et de bonheur ; nous verrons, en règlement de compte, ce que les barricades de juillet, la royauté citoyenne, le juste milieu, les émeutes, les conspirations et la non intervention, auront à opposer à quinze années de paix, de crédit, de fortune publique et privée, d'illustrations de tous les genres et de dignité politique ; nous verrons, enfin, ce que la grande semaine aura à mettre en regard de la conquête d'Afrique.

Il fallait bien que cette expédition eût un caractère de grandeur qui lui fût particulier, pour enflammer toutes les imaginations. L'immense majorité de la France la vit avec orgueil, et l'Europe entière avec envie ; de tous côtés on sollicitait la faveur d'en faire partie. Du fond de la Bohême, un officier des plus distingués de la marine anglaise (1) accourut pour assister à ce grand spec-

(1) M. Mansell, capitaine de vaisseau anglais.

tacle; des bords de la mer Noire, un officier général russe (1) vint se placer dans les rangs de notre armée, et le fils d'un des plus illustres généraux de l'Autriche, obtint l'honneur d'y servir comme volontaire (2). Des artistes distingués (3) quittèrent leur atelier, pour aller étudier les beaux sites de l'Afrique, et reproduire aux yeux de la France les faits glorieux de la campagne; des savans se firent attacher à l'armée en qualité d'interprètes (4); des hommes de lettres (5), séduits par le prestige poétique de cette expédition, témoignèrent aussi le désir d'y prendre part.

Comme tant d'autres, je fus sous le charme, et j'éprouvai le plus vif désir de faire la campagne. J'obtins de la bonté de M. le prince de Polignac l'honneur d'être accueilli par M. de Bourmont en qualité de son *secrétaire particulier* (6).

(1) Le comte Filosofow, officier général russe.
(2) Le prince de Schwartzemberg, officier de cavalerie autrichien.
(3) MM. Th. Gudin, Eugène Isabey, Langlois, Wachsmuts, Gilbert de Brest, etc., etc.
(4) MM. Eusèbe Desalles, savant médecin et habile naturaliste; Vincent, l'un des hommes les plus instruits dans la connaissance des langues orientales; Lauxerrois, jeune homme d'une grande érudition, attaché aux archives des affaires étrangères : enfin, l'infortuné Destains, qu'une mort tragique enleva à ses amis, quelques jours avant le départ de l'expédition.
(5) Dans le nombre, je citerai M. Jal, qui fit en amateur le voyage, et assista aux premières affaires.
(6) Ce fut en 1804 que j'eus l'honneur de voir, pour la première fois, M. de Polignac : il était sur les bancs du tribunal criminel de la Seine, et commençait alors, âgé de

Cette position m'a mis à même de voir de près les évènemens. Je ne serai pas gêné pour dire

vingt-deux ans, cette longue carrière de fidélité et de dévouement à la famille des Bourbons, qu'il termine aujourd'hui dans les cachots du fort de Ham. Je l'ai revu à Londres, vingt-quatre ans après : il était alors ambassadeur de France. Je lui avais été recommandé par un de nos amis communs ; il me reçut avec cette politesse affectueuse et ces manières aisées et bienveillantes qui le caractérisent. Je suis allé lui présenter mes devoirs, quand il est arrivé au ministère, et j'ai eu souvent l'occasion de causer avec lui des évènemens politiques et des embarras parlementaires de son administration. Je dois dire ici, sans crainte d'être démenti par aucune des personnes qui ont été admises dans son intimité, que j'ai peu connu d'hommes, même de l'opinion libérale, qui eussent des idées constitutionnelles plus fortement arrêtées. M. le prince de Polignac avait long-temps vécu en Angleterre, et il s'était passionné pour les principes de ce gouvernement modèle, qui concilie toutes les conséquences de la liberté avec le respect de la royauté et des prérogatives de la couronne. Il était, il faut le dire, partisan de l'influence que l'aristocratie anglaise exerce sur l'action de la machine gouvernementale, parce qu'il était consciencieusement convaincu que cette influence est salutaire à la prospérité du pays et aux garanties du peuple et du Roi. Je l'ai entendu, dans les positions les plus difficiles, s'écrier, avec l'accent d'une résolution bien prise : *Surtout, ne sortons pas des voies constitutionnelles ! Si la révolution nous menace, combattons-la à coups de Charte !* Explique, après cela, qui pourra les ordonnances de juillet; quant à moi, je ne puis les attribuer qu'à cet empire que la volonté du Roi exerçait, depuis l'enfance, sur le cœur de M. de Polignac ; à cette religion du dévouement, qu'il professait avec tant de loyauté ; à ce culte de fidélité, qu'il avait voué à ses souverains légitimes, et qui pendant trente ans, lui a fait jouer sa tête avec une si courageuse indifférence, en répétant cette vieille devise française : *Fais ce que dois, advienne que pourra.*

la vérité, parce que *je ne dois de ménagemens à personne* : je ne suis lié ni par la crainte ni par la reconnaissance. N'ayant ni sollicité ni obtenu de faveurs, je dirai franchement ce que j'ai vu, depuis la tente du général en chef jusqu'au bivouac du soldat. Séduit par l'éclat de cette nouvelle croisade, j'ai suivi l'armée sans autre but que celui de voir; aucun calcul d'intérêt ni d'ambition ne m'a fait entreprendre ce voyage, que je puis dire avoir fait en dupe, ne pouvant avoir part ni aux honneurs de la victoire, ni aux bénéfices de la conquête; je ne suis ni un des vainqueurs de Staoueli, ni un des *spoliateurs de la Cassauba* : je suis revenu à Paris plus pauvre que j'en étais parti, je pourrais presque dire que j'ai fait la guerre à mes dépens; mais, comme Figaro, j'ai voulu au moins du plaisir où je ne trouvais pas de profit, et j'avoue que je me suis bien amusé de la suffisance de beaucoup de grosses épaulettes, de l'impertinence de quelques intendans et des ridicules prétentions de tant de gens que j'ai rencontrés sur mon passage, depuis la terrasse de Torre-Chica jusqu'aux antichambres de la Cassauba. Je me suis convaincu qu'il y avait plus de comédie dans une journée de quartier-général qu'il ne s'en fait en un an dans quatre théâtres royaux; je ne désespère pas de pouvoir un jour amuser le public de quelques caricatures militaires, que leur épée et leurs croix ne mettront pas à l'abri des bonnes et grosses bêtises d'Odry. Qu'on ne pense pas cependant que je me sois borné à observer la campagne sous le point de vue comique : il eût été impossible de n'être pas vivement touché de la bravoure et du dévouement de nos soldats, dont le plus grand nombre voyait pourtant le feu pour la première fois : ils y allaient avec le sang-froid de nos vieilles bandes : en tirailleurs, en carré, dans la tranchée, c'étaient toujours la même gaieté et le même courage.

Je n'ai pas besoin, je pense, de m'excuser de n'avoir pas donné de grands détails sur les opérations militaires de la campagne. Personne, à coup sûr, ne les attendra de moi. Je me serais bien gardé de m'affubler du ridicule de juger la partie stratégique de la guerre d'Afrique ; je sais trop ce qu'on doit d'égards à nos *Folard* et à nos *Végèce* modernes, pour aller me faire des affaires avec leur susceptibilité. J'ai été témoin qu'un mot, mis dans une dépêche, a failli renouveler l'épisode de la bouderie d'Achille (1). J'ai vu de près les habits brodés, et je me suis convaincu que c'est une race plus irritable que celle des poëtes.

L'opinion que j'émets très-rarement, dans mon ouvrage, sur les combinaisons militaires, me vient toujours de bon lieu ; c'est celle d'officiers distingués de terre et de mer, encore cette opinion n'ar-

---

(1) Cette bouderie eut des conséquences graves dans l'affaire du 29, où un général refusa de marcher, sous prétexte de fatigue. M. de Bourmont lui dit, avec indignation, sur le champ de bataille : « Monsieur, quand on ne se sent pas la « force de servir, on ne sollicite pas de service. » Cet incident fâcheux, qui nous enleva une partie des avantages de la journée, amena une explication des plus vives entre ce général et le brave général Tolozé, sous-chef d'état-major.

rive-t-elle qu'accidentellement, et parce qu'elle se rattache à quelque trait de mœurs ou à une anecdote que je tiens à raconter. J'ai pensé que ceux qui voudraient des détails militaires seraient satisfaits par les excellentes narrations de M. Fernel et de M. Théodore de Quatrebarbes, et par les curieuses *Considérations* de M. le colonel Juchereau de Saint-Denis. L'ouvrage de M. Denniée offrira à ceux qui seront avides de renseignemens administratifs, le compte exact des consommations de l'armée, à une botte de foin près; enfin, la brochure de M. Odolant-Desnos fournira d'excellens renseignemens sur les avantages que la France peut retirer de la colonisation d'Alger.

A tout prendre, je me félicite aujourd'hui d'avoir fait la campagne d'Afrique. J'oublie volontiers les ennuis de la traversée, les fatigues et les privations du camp, et les dangers auxquels je me suis livré bénévolement. Je me contente de rire de beaucoup de choses que j'ai vues, en me rappelant ces vers de Saint-Lambert :

> Curieux assez inutile,
> Je ne partageais les lauriers
> Ni de Saxe ni de Belle-Isle;
> J'essuyais les récits mortels
> Et les airs tristement capables
> Des généraux, des colonels,
> Et m'ennuyais pour la patrie.

ANECDOTES

HISTORIQUES ET POLITIQUES

POUR SERVIR A L'HISTOIRE

DE L'EXPÉDITION D'AFRIQUE.

Ce ne fut que vers le mois de janvier 1830 que l'expédition d'Afrique fut résolue dans le conseil du roi; elle ne le fut qu'après de longues et nombreuses oppositions, et par la persévérance que mit M. de Bourmont à convaincre le roi, M. le dauphin et les autres ministres, de l'importance et des avantages de cette conquête.

La pensée d'affranchir la chrétienté de la

honteuse oppression des puissances barbaresques fut toujours regardée, depuis 1814, comme un des devoirs de la restauration : cette pensée fut constamment dans l'esprit de Louis XVIII et de Charles X ; mais l'imminence des affaires politiques, les obstacles sans cesse renaissans dont leur administration fut embarrassée, ne permirent pas de réaliser plus tôt ce rêve philantropique de leur règne. Les prétentions et les exigences chaque jour renouvelées de la Régence d'Alger, faisaient éprouver au petit-fils de Louis XIV le besoin d'achever ce que Duquesne avait commencé. Des intérêts plus puissans et plus directs, faisaient ajourner depuis long-temps les projets sur la Barbarie : il fallait pour les exécuter un concours de circonstances qui ne s'étaient pas encore présenté.

L'insulte faite le 30 avril 1827 à M. Deval, devenait un prétexte plus que suffisant. Aux yeux d'un ministère pénétré de sa dignité, la punition éclatante du dey eût été un devoir impérieux. Le conseil d'alors en jugea autrement : il aima mieux courir après une popularité acquise aux dépens des droits de la couronne ; et, pendant deux ans, on borna la vengeance du roi de France à une déclaration de guerre illusoire et à l'appareil fastueux d'une croisière ruineuse et complètement inutile. La moindre condescendance du dey eût suffi pour donner satisfaction au ministère ; Hussein s'y refusa avec obstination, et mit le comble à son insolence par la nouvelle insulte faite au pavillon blanc, lors de la mission de M. de la Bretonnière (1). Pendant un an encore on dévora ce nouvel outrage ; on se contenta de resserrer le blocus et d'augmenter la station de quelques frégates, qui servirent d'amusement à Hussein. Pendant les tempêtes d'hiver, il

---

(1) Le 3 août 1829, les batteries du môle firent feu pendant une demi-heure sur le vaisseau *la Provence*, arrivé comme parlementaire.

regardait nos vaisseaux en riant du haut des terrasses de la Cassauba, et disait en fumant son hookha, et dans des termes plus énergiques : *Ces belles filles du Palais-Royal auront bien mauvais temps pour leur promenade* (1).

Le ministère du 8 août fut, dès sa naissance, en butte à une opposition brutale et désordonnée qui, en le réduisant aux dernières extrémités, amena les funestes et derniers actes de son système politique. Le plus habile et le plus clairvoyant des membres de ce ministère ne se dissimula pas les fâcheuses conséquences de son impopularité; et après avoir cherché les moyens les plus propres à réhabiliter le cabinet dont il faisait partie dans l'opinion de la France, il arrêta ses

---

(1) Hussein, qui avait sans doute entendu parler des habitudes du Palais-Royal par quelque consul européen, comparait le service que faisaient les frégates de la station, en arrêtant tous les bâtimens qui se présentaient dans la rade d'Alger, au métier que faisaient chaque soir les nymphes des galeries

idées sur une expédition militaire qui offrît à la fois de la gloire à l'armée, de grands avantages au pays, et qui vînt frapper les imaginations par la grandeur et l'étrangeté de son but : la conquête d'Alger remplissait toutes ces conditions. On y trouvait tout le merveilleux des croisades, la nationalité de l'expédition d'Egypte, et l'éclat des victoires de Fernand Cortez. Elle délivrait l'Europe de la plus humiliante servitude ; elle servait la cause de la morale et de l'humanité ; elle devait offrir à l'agriculture, au commerce, à l'industrie et à la civilisation, d'immenses moyens de succès, et à l'ambition un des plus beaux pays du globe et les richesses d'une ville qui, depuis trois cents ans, enfouissait les trésors de la chrétienté et le fruit des rapines et des brigandages de ses habitans.

M. de Bourmont fit part de son projet à M. de Polignac, qui, sans le repousser, ne lui dissimula pas que quoique ces idées fussent depuis long-temps dans l'esprit du roi, on aurait cependant de la peine à lui en faire concevoir l'opportunité, dans un moment où son ministère allait se trouver en présence d'une Chambre décidée d'avance à s'opposer à tout ce que pourrait proposer le gouvernement. Il fut néanmoins convenu qu'on en parlerait d'abord à M. le dauphin. M. de Bourmont trouva ce prince tout à fait contraire à ce projet. Son Altesse Royale le combattit sous le double rapport de la dépense et des difficultés, et cependant engagea le ministre à demander au roi l'autorisation de soumettre cette affaire au conseil. Le roi fit de nombreuses objections, auxquelles M. de Bourmont répondit avec cette précision, cette justesse et cette présence d'esprit qui lui sont propres. Il termina en disant : *Sire, il faudrait faire cette guerre, quand elle ne servirait qu'à prouver à l'Europe qu'un roi de France ne se laisse pas impunément insulter par un chef de pirates.* « Vous avez raison, reprit le roi, que cette observation avait frappé ; je vous autorise à me soumettre votre projet au premier travail. »

La majorité du conseil le combattit vivement. On ne voyait dans cette entreprise qu'un embarras de plus suscité au ministère, au milieu de tous ceux dont il était accablé. Le ministre de la marine jugeait impossible de faire dans l'espace obligé de quelques semaines les préparatifs d'un armement aussi considérable, et le ministre des finances déclarait le trésor hors d'état de faire les avances des sommes énormes que devait coûter cette expédition. M. de Bourmont ne fut pas découragé par ces objections, et remarqua très-sagement qu'il ne fallait pas, dans une affaire de cette importance, raisonner sur des hypothèses, mais sur des données certaines, et qu'il fallait arrêter ses idées sur des chiffres. Le roi partagea cette opinion ; et il fut décidé que, sans perdre de temps, le ministre de la marine s'occuperait de réunir des documens officiels sur une expédition de cette nature; et qu'on établirait au ministère de la guerre le budget exact des frais de cette campagne, calculés pour une armée de trente-cinq mille hommes. Les rapports ne se firent pas attendre. Les bureaux de la marine avaient décidé, on ne sait trop pourquoi, que ces armemens exigeraient au moins un an de travaux dans les différens ports, et que, vu l'époque de la saison dans laquelle on se trouvait, il ne fallait pas penser à cette entreprise, qui du reste, de l'aveu des marins les plus expérimentés, était regardée, sinon comme impossible, au moins comme aussi difficile que dangereuse, sur une côte qui n'offrait aucun point d'attaque favorable, dont les approches étaient défendues par des batteries fortement armées, et protégée par des vents de nord qui mettraient une flotte constamment en péril. D'après ce rapport, la question d'argent devenait absolument inutile à discuter, et l'affaire fut indéfiniment ajournée, au grand désappointement de M. de Bourmont.

M. le ministre de la marine se conduisit dans cette occasion avec une probité, une sagesse et une loyauté peu communes. Il ne voulut pas rester sous la dépendance de ses bureaux, et écrivit lui-même aux commandans de la marine de Brest, de Rochefort, de Lorient et de Toulon, pour avoir des renseignemens exacts sur le temps nécessaire à un armement de cette importance. Il reçut de toute part l'assurance qu'en mettant dans ce service toute l'activité désirable, dans trois mois la flotte pouvait être réunie dans la rade de Toulon, prête à faire voile vers la côte d'Afrique, et dans la saison la plus favorable de l'année. Il se rendit sur le champ chez M. de Bourmont, et lui fit part franchement des rapports qui lui étaient parvenus, l'assurant que, dès ce moment, il revenait de ses préventions contre le projet de l'expédition d'Afrique, et qu'il était prêt à l'appuyer au conseil de tous ses moyens.

Pendant ce temps, M. de Bourmont réfléchit aux moyens de combattre d'une manière adroite les répugnances de M. le dauphin contre son projet. Il arrêta ses vues sur M. le duc de Raguse, qui jouissait, sous le rapport militaire, de toute la confiance du prince. M. de Bourmont en parla un jour au maréchal comme d'une entreprise à peu près décidée, et sur laquelle il ne s'agissait plus que d'avoir l'assentiment du dauphin. Il lui fit sentir l'importance et l'éclat d'un pareil commandement, et, sans prendre d'engagemens avec lui, ne fut pas fâché de voir le duc dans l'idée que cette mission pourrait lui être confiée. Cette petite ruse de guerre, cette adroite manœuvre de cour, réussit à merveille. Au premier conseil, le dauphin remit lui-même l'affaire d'Alger sur le tapis; et les ministres, armés de tous leurs renseignemens, n'eurent pas de peine à en faire adopter l'exécution. Le projet se présenta aux yeux du conseil avec tous ses avantages et ses immenses résultats; la France devait en retirer de la gloire et des richesses; et le roi, enchanté, leva la séance en répétant les mots de M. de Bourmont, qui étaient restés dans sa mémoire : *Il ne sera pas dit qu'un roi de France aura été impunément insulté par un chef de pirates.*

Il fut décidé qu'on consulterait quelques marins habiles, pour avoir leur avis sur les moyens d'exécution : le choix se fixa sur l'amiral Duperré (M. de Rigny n'étant pas en faveur depuis le refus qu'il avait fait du portefeuille de la marine). Cette idée faillit compromettre le projet. L'opinion de M. Duperré fut tout à fait contraire à l'expédition. Sa vieille expérience avait prévu tant d'obstacles et tant de dangers, qu'il en résultait que l'expédition était presque impraticable. L'opération du débarquement était surtout ce qui lui paraissait le plus dangereux : il ne demandait rien moins que quinze jours pour débarquer les troupes, et un mois pour débarquer le matériel. Il en concluait qu'il était impossible, dans la meilleure saison même de l'année, de trouver sur cette côte une série de beaux jours et de vents favorables pour une opération aussi longue et aussi difficile. Ce nouvel incident, qui refroidissait beaucoup le conseil sur l'expédition d'Afrique, affligea vivement M. de Bourmont, qui ne put s'empêcher de dire devant le roi, en présence de tous les ministres : « Il « est fâcheux pour l'honneur national de voir « en 1830 reculer la marine française devant « une entreprise qui n'effraya pas la marine « espagnole en 1541. Comment se fait-il que « Doria ait exécuté en quelques heures un « débarquement pour lequel M. Duperré demande six semaines? Je supplie Votre Majesté de faire donner l'ordre à son ambassadeur à Madrid de rechercher, dans les « archives de l'Escurial, tous les renseigne-

« mens qui pourront nous éclairer sur les
« moyens employés par Doria dans l'ex-
« pédition de Charles-Quint, et sur ceux
« qu'employa Castéjon dans l'expédition d'O-
« reilly en 1775; car il est bien prouvé que
« ces deux expéditions n'ont manqué que
« par le défaut de prudence, de conduite
« et d'habileté des généraux, et non par les
« obstacles et les dangers de la mer. »

Le projet de la conquête d'Alger était déjà trop avant dans les idées des membres du cabinet pour qu'on y renonçât tout d'abord. On fit examiner par le conseil d'amirauté les rapports de M. Duperré, et il fut décidé que, parmi les difficultés que l'amiral entrevoyait dans cette entreprise, un grand nombre n'étaient qu'idéales, et plusieurs autres fort exagérées. Mais l'opinion exprimée par M. Duperré démontrait si clairement sa bonne foi, son expérience et l'étendue de ses connaissances en marine, que M. de Bourmont lui-même demanda au roi que M. Duperré fût investi du commandement de la flotte. Des ordres furent aussitôt donnés dans tous les ports maritimes pour qu'on s'occupât avec la plus grande activité de l'armement d'une flotte, destinée au transport du matériel et du personnel d'une armée de trente-cinq mille hommes, qui devait être soutenue par une division armée en guerre pour protéger ses convois et son débarquement. Ces immenses préparatifs n'étaient qu'une partie de ceux que nécessitait l'expédition ; il fallait disposer et mettre en état dans tous nos arsenaux, l'artillerie de siége et de campagne, et tout le matériel du génie ; en même temps il fallait pourvoir aux approvisionnemens de tous genres pour six mois, et noliser dans les divers ports de la Méditerranée, un nombre suffisant de bâtimens pour le transport. Tous ces travaux s'exécutaient au milieu des nombreux embarras suscités par la position politique du ministère, et à travers les obstacles apportés par l'indiscrétion des journaux de l'opposition, qui flétrissaient d'avance les lauriers de notre armée, qui révélaient à l'ennemi le nombre et le mouvement de nos régimens, qui cherchaient niaisement à intimider nos soldats, par les dangers d'une guerre contre des Bédouins, dans un pays peuplé de lions, de tigres, de scorpions et de sauterelles, et qui se plaisaient à éveiller les soupçons de l'Europe sur le tort que devait éprouver son commerce de notre nouvelle conquête, dont l'effet le plus certain était de détruire le système colonial de l'Angleterre.

Restait encore un point important à décider pour le succès de cette vaste entreprise; c'était le choix du général en chef. Dès qu'on fut certain à la cour que l'expédition d'Afrique aurait lieu, toutes les ambitions militaires furent en fermentation, les notabilités de l'ancienne et de la nouvelle armée manœuvrèrent habilement auprès du roi et auprès de M. le dauphin; les intrigues de vinrent si vives, les sollicitations si pressantes, qu'il fallut enfin s'occuper de prendre sur cette affaire les ordres du roi. M. de Bourmont, comme ministre de la guerre, arrêta avec M. le dauphin, dans une conférence intime, une liste de trois maréchaux et six lieutenans-généraux qui devait être soumise au roi. Les maréchaux qui y étaient portés étaient le duc de Raguse, le comte Molitor, et le marquis de Gouvion-Saint-Cyr. Je ne suis pas assez certain des noms des six généraux pour en parler ici ; je suis sûr cependant que le général Guilleminot et le général Bordesoulle en faisaient partie. Ce travail était arrêté, et le dauphin tenait la liste dans ses mains et allait la rendre au ministre pour la mettre sous les yeux du roi, quand par réflexion il s'arrêta, en disant : *mais je pense à une chose, mon cher Bourmont; pourquoi ne vous y mettriez-vous pas ?* Cette observation embarrassa d'une manière très-flatteuse celui qui en était l'objet ; et sans

lui donner le temps de répondre ; le prince ajouta : *Mais ne pensez-vous pas qu'étant ministre, cela ne puisse pas s'arranger ?* M. de Bourmont, sans fausse modestie et sans amour-propre, répondit franchement, comme s'il eût été désintéressé dans la question : « Je n'aurais jamais pensé à placer mon
« nom parmi ceux de tant de généraux dis-
« tingués, et je ne considère que comme
« une marque de bienveillance, l'observation
« de Votre Altesse Royale ; mettant à part
« ma position personnelle, j'ajouterai que
« je crois au contraire que le service du roi
« ne pourrait que gagner à ce que le géné-
« ral qui sera chargé du commandement,
« ait en même temps la direction de la
« guerre : que les préparatifs de l'expédi-
« tion seraient mieux ordonnés ; qu'il y
« aurait plus d'ensemble dans les opéra-
« tions et bien plus de célérité dans les
« mouvemens. » *Eh bien*, répondit le dauphin, *si vous n'y voyez pas d'inconvéniens*,

je désire que votre nom soit placé sur la liste que vous allez présenter au roi, qui, j'en suis sûr, l'y verra avec plaisir. Le prince ajouta de sa main le nom de M. de Bourmont, sur le double de la liste qu'il garda dans son porte-feuille. Cette liste ainsi arrêtée fut mise le même jour sous les yeux de Sa Majesté, qui la lut très-attentivement, et fit de légères observations, entre autres sur l'état de santé du maréchal Gouvion-Saint-Cyr. M. de Bourmont s'empressa de lui dire : *Si Votre Majesté trouve mon nom sur cette liste, c'est par l'ordre de M. le dauphin.* « C'est bien, il a eu raison, » répondit le roi; puis serrant ce papier dans un des tiroirs de son secrétaire, il n'ajouta que ces mots : *J'y réfléchirai.*

On attendait avec impatience à la cour le prochain conseil; on ne doutait pas que Sa Majesté n'y fît connaître son choix, et tout le monde fut fort désappointé, en apprenant qu'elle n'avait rien laissé entrevoir qui fît pressentir qu'elle avait pris une décision. Quinze jours se passèrent encore, sans que rien fût résolu; on s'agitait autour de M. de Polignac, qui ignorait lui-même la volonté du roi, et qui ayant cherché à deux reprises à connaître les intentions de Sa Majesté, n'en avait obtenu que cette réponse : *Rien ne presse, je n'ai encore rien décidé.* M. le dauphin lui-même était dans l'ignorance la plus complète à ce sujet.

Comme moyen politique, ces retards étaient assez bien entendus; on est toujours à temps de faire des mécontens; tant que le choix n'était pas connu, les ambitions restaient en mouvement, les coteries en suspens, et l'expédition n'avait que des partisans, à la cour et dans les salons du faubourg Saint-Germain ; elle était assez décriée par les organes du parti d'opposition, qui craignait que les succès de cette grande conquête ne devinssent un moyen de popularité pour un ministère qu'ils étaient décidés à renverser à tout prix, dût le trône crouler avec lui. Cependant les préparatifs de l'expédition se continuaient avec la plus grande activité ; les régimens qui devaient en faire partie étaient désignés, le personnel des états-majors était déjà choisi; et du haut de son trône, le roi avait annoncé à la France et à l'Europe, que nos armées allaient obtenir une réparation éclatante des outrages du dey d'Alger ; le nom seul du général en chef était encore un mystère pour tout le monde.

M. de Bourmont, comme ministre, était obligé de solliciter du roi une détermination sur le choix du commandant. La saison avançait, et il était important que ce choix fût connu, pour que l'officier-général qui serait désigné, pût se concerter avec le ministre sur la nomination des généraux auxquels devait être confié le commandement des divisions et des brigades. Ces considérations importantes ne décidaient pas le roi, qui répondait toujours : *Rien ne presse encore.* Cependant, dans les premiers jours du mois de mars, les instances de M. de Bourmont furent si pressantes, que le roi demanda de quel intérêt il pouvait être que le nom du général en chef fût connu sitôt. *Sire,* lui dit M. de Bourmont, *il y a des mesures qui ne peuvent être prises que lorsque Votre Majesté aura fait connaître sa volonté, par exemple le choix du chef d'état-major, qui doit être tout à fait à la convenance du général en chef.* — *Effectivement,* reprit le roi, *je me souviens que dans la campagne d'Espagne, le maréchal Moncey n'a jamais pu s'entendre avec celui qu'on lui avait donné. Et vous, si vous aviez ce commandement, qui choisiriez-vous ?* Ce mot apprit à M. de Bourmont tout ce qu'il voulait savoir; aussi, sur le champ, il répondit : *Sire, je n'hésiterais pas un moment à choisir le général Després, quoiqu'il n'ait pas pu s'entendre avec M. le maréchal Moncey. Je pense que c'est un des généraux d'état-major les plus distingués, et celui qui convient le mieux à ce service, par l'étendue de ses connaissances et par son esprit de méthode et de précision.* — *Eh bien,* dit le roi sur le champ, *annoncez-lui sa nomination.*

Dès ce moment le nom du général en chef ne fut plus un secret, quoique l'ordonnance qui faisait connaître ce choix n'ait paru dans le *Moniteur* que quelques jours après.

Le bateau à vapeur *le Tibre*, sur lequel je m'étais embarqué à Marseille, entra dans la rade de Toulon le 4 mai à dix heures du matin, au moment où un coup de canon, tiré du vaisseau amiral, donnait l'ordre à toute la flotte de pavoiser; ce coup-d'œil fut magique; au même instant, trois cents bâtimens furent diaprés de mille couleurs, les gréments, les mâts, les vergues étaient couverts de pavillons; on eût dit d'immenses guirlandes de fleurs, offertes en hommage au pavillon blanc, dont on eût pu croire que c'était la fête. Trente mille matelots sur les vergues, faisaient retentir les échos de la rade des cris de *vive le roi! vive le dauphin! vivent les Bourbons!* Si, comme on l'a dit depuis, le corps royal de la marine a toujours éprouvé une répugnance pour la famille de nos rois, on peut assurer qu'elle ne l'avait jamais mieux dissimulée que ce jour-là; il était impossible d'avoir un air plus dévoué, d'être ému par une joie plus vive que M. l'amiral Duperré, quand il reçut M. le dauphin à bord de *la Provence*. Depuis le plus petit brick jusqu'au plus gros vaisseau de la flotte, ce n'était partout qu'enthousiasme et cris d'amour. Des milliers de chaloupes, de gondoles et de bateaux, chargés de peuple et de musiciens, se pressaient autour du canot royal; qui portait l'héritier de la couronne; cent mille voix à la fois protestaient de leur fidélité; et le drapeau blanc se détachait éclatant à travers la fumée de 500 bouches à feu, dont les bordées saluaient de concert le fils de France... Trois mois après, le 6 août 1830, j'ai revu cette même rade de Toulon; elle était triste et silencieuse; *le Duquesne, le Marengo, le Scipion, l'Algésiras* et *le Nestor*, chargés des trésors d'Alger, attendaient l'ordre d'arborer un pavillon; on n'en voyait aucun sur leur poupe; le soir, au coucher du soleil, quelques salves de mousqueterie saluèrent le pavillon tricolore.....

M. le dauphin était parti de Toulon le 5 mai, après avoir passé en revue la première division de l'armée; alors on put s'occuper sans relâche des préparatifs de l'expédition : les travaux étaient immenses; les armemens des vaisseaux, faits à la hâte, n'étaient pas complets, les vivres arrivaient lentement, et l'artillerie et le génie avaient à réparer tout leur matériel, venu à marches forcées de Brest, de Perpignan, de Strasbourg, de Toulouse et de Grenoble. L'arsenal et les chantiers étaient encombrés d'ouvriers qui travaillaient nuit et jour : jamais on n'avait déployé une telle activité; les provisions étaient immenses; les quais des ports de Marseille et de Toulon étaient couverts d'approvisionnemens de tous les genres; tous les services étaient amenés avec profusion. On embarquait pour trois mois de vivres pour l'armée, la flotte en avait pour six mois, au grand complet de ses équipages; les munitions de guerre suffisaient pour user les pièces; chaque canon avait mille coups à tirer, et huit millions de cartouches devaient être distribuées à l'armée; chaque soldat avait à peu près deux cent cinquante coups pour sa part. Il faut avoir vu la plage de Sidi-Ferruch du 14 au 30 juin, pour que l'imagination puisse concevoir tout ce que portaient l'escadre et les transports ; il faut avoir vu ces immenses parcs de boulets, d'obus et de bombes de tout calibre, ces longues et hautes murailles formées d'un triple rang de futailles de vin et de barriques de farines et de légumes, ces montagnes de fourrages de toutes les espèces, ces amas énormes de fascines, de gabions, de sacs-à-terre et de chevaux de frise ; tant de caissons et de chariots du train, tant de madriers, de poutres et de planches pour les platé-formes des batteries, tant de pioches, de pelles, de piquets, de tentes, de marquises, de canonnières ; tant de barraques, de lits, de matelas, de couvertures et d'objets d'hopitaux, pour se faire une juste idée de l'expédition d'Afrique, du temps et des soins qu'il avait fallu pour réunir sur un même point ce prodigieux matériel, sorti de tous les arsenaux et de toutes les manufactures du royaume.

Les délais irritaient l'impatience de nos soldats, arrivés dans leurs cantonnemens depuis les premiers jours du mois d'avril. La première division, commandée par le général Berthezène, était réunie dans les environs de Toulon; la seconde division, sous les ordres du général Loverdo, était rassemblée à Marseille; la troisième, commandée par le duc d'Escars, avait son quartier-général à Aix. Après le départ de M. le dauphin, l'activité la plus grande régna dans les états-majors de l'armée de terre et de mer. M. de Bourmont revint à Toulon le 7 mai; il était allé, à la suite du prince, passer en revue la troisième division. A son retour, les préparatifs de l'embarquement furent poussés avec une ardeur sans exemple; l'amiral et le général en chef avaient chaque jour des conférences de plusieurs heures. Le contre-amiral Mallet et le général Després étaient constamment en rapport d'affaires et de communications; les généraux Valazé et Lahitte ne quittaient pas l'arsenal, où était réuni le matériel de leur arme. Les rues, les quais, les places publiques de Toulon étaient remplis de soldats, de matelots, de curieux, de marchands, de spéculateurs, et de toutes les catégories d'intrigans, d'usuriers, de fripons et de désœuvrés qui se traînent à la suite des armées, dans l'espoir d'avoir part au butin, en se mettant à la remorque de quelques fournisseurs ou de quelques sous-traitans. La cohorte des cantiniers était la plus nombreuse; jamais armée n'a dû être mieux approvisionnée : de Marseille, de Nantes, de Cette, de Nice et de tous les ports de la Catalogne, se disposaient à partir en même temps que l'escadre, des bâtimens chargés de vivres de toute espèce; l'antichambre du général en chef était encombrée de solliciteurs de toute sorte, qui arrivaient de tous les coins de la France, armés de pétitions et d'apostilles; si l'on ajoute à tous ces embarras accumulés dans Toulon; l'immense personnel des vivres et des hopitaux et la légion d'interprètes pour l'intelligence des divers dialectes de la côte d'Afrique, depuis l'arabe du Koran jusqu'au Tuarick du pays des Tibbous, on concevra aisément quelle idée de grandeur s'attachait à une entreprise qui mettait en mouvement tant d'ambitions, tant d'intérêts et tant d'intelligences.

Le 11 mai fut un grand jour pour les soldats ; ce fut celui de l'embarquement de la première division ; c'était le premier mouvement de l'expédition ; l'armée passait ce jour-là du pied de paix sur le pied de guerre; c'était pour elle l'entrée en campagne ; le soldat était impatient depuis long-temps d'aller prendre place sur ces beaux vaisseaux disposés si majestueusement sur la rade, et qu'il n'apercevait que de loin, des bords du quai ou des hauteurs de la Malgue ou du Faron. La vie de bord devenait pour lui une nouvelle existence; l'étrangeté de cette manière de vivre, si éloignée de ses habitudes ordinaires, le charmait d'avance; il n'en calculait ni les ennuis ni les inconvéniens : aussi sa joie fut au comble en mettant le pied sur la tartane qui devait le conduire en rade à bord du vaisseau. Il faisait retentir l'air des cris de *vive le roi!* En quittant le sol de la France, nos soldats semblaient vouloir donner à leur souverain une nouvelle preuve de leur dévouement; c'était un dernier adieu qu'ils lui adressaient. Une des plus belles matinées de printemps favorisa cette importante opération militaire, dirigée d'ailleurs avec une ardeur et un ordre admirables ; les compagnies entières se plaçaient sur les bateaux de transport, avec la précision des manœuvres de la parade. La gaîté de ceux qui partaient, l'impatience de ceux qui attendaient le moment de s'embarquer, donnaient à ce spectacle l'aspect le plus varié, le plus vif, le plus piquant. Pas un regret, pas une crainte ne furent exprimés ; les soldats semblaient courir à une distribution de croix d'honneur. Le mauvais temps, qui dura pendant toutes les journées du 12 et du 13, ne fit qu'ajouter au pittoresque de l'embarquement de la deuxième division. Les troupes étaient parties de Marseille avec une pluie d'averse; elles la supportèrent, pendant toute la route, avec une résignation toute française; elles bivouaquèrent en riant sur les glacis des remparts de Toulon, et allèrent sécher sans humeur et sans reproches, dans l'entre-pont d'un vaisseau, dix-huit heures de pluie, après avoir souffert quatre heures d'une traversée aussi pénible que dangereuse, dans une rade houleuse et sur des bateaux peu propres à lutter contre la lame et le vent.

L'embarquement dura cinq jours. Le 16 on embarqua la troisième division, et le 18 l'armée de terre était prête à partir; les chevaux avaient été embarqués à Castineau, ainsi que tout le matériel à l'arsenal. Le général en chef se rendit ce jour-là avec son état-major, à bord de *la Provence*, à 5 heures du soir; il y fut reçu avec les plus grands honneurs, et au son d'une musique guerrière. On n'attendait plus que le vent favorable, et les ordres de l'amiral, qui avait annoncé que la marine ne pourrait être prête que le 25. J'ai tout lieu de penser que c'est de cette époque que date la mésintelligence qui s'établit entre M. de Bourmont et l'amiral Duperré, mésintelligence qui a eu des résultats fâcheux pendant toute la campagne.

La détermination qu'avait prise M. de Bourmont d'aller s'établir à bord du vaisseau amiral, quand l'embarquement de l'armée fut terminé, ne pouvait que contrarier beaucoup M. l'amiral Duperré, qui jugea que dès ce moment tous les retards qu'éprouverait le départ de l'expédition seraient attribués à la marine, à qui on pourrait reprocher de n'être pas en mesure. Cette opinion fut celle de toute l'armée, surtout quand on vit dans la journée du 19 qu'un vent de nord-ouest, que tout le monde s'accordait à déclarer favorable au départ de la flotte, ne décida pas l'amiral à appareiller; les marins assurèrent que *ce n'était pas un temps fait;* effectivement, le lendemain les vents tournèrent à l'est, mais il n'en resta pas moins démontré qu'on aurait pu la veille sortir de la rade; le bruit était généralement répandu, à bord comme en ville, que l'amiral avait décidé qu'on ne mettrait à la voile que le 25. Certains qu'on ne partirait pas avant cette époque, un grand nombre d'officiers de l'armée et de la marine étaient presque toujours à terre, d'où ils ne manquaient pas de rapporter des contes, des *on dit* et des conjectures sans nombre : mésintelligence avec l'Angleterre, changement de ministère, impossibilité de l'expédition, disgrâce du général en chef, tout servait de prétexte aux retards que nous éprouvions.

Le 24, j'allai à bord de *la Provence* faire

une visite à M. de Bourmont; je ne l'avais pas vu depuis le jour de son embarquement; je le trouvai dans ce que les journaux libéraux appelaient *ses appartemens;* c'était une petite chambre à babord sous la dunette; il n'y avait *ni marbres ni dorures,* mais un lit fort simple, un secrétaire, une petite commode, un fauteuil et une chaise; il eût été impossible d'y faire entrer encore un tabouret. Il me parut fort ennuyé et fort impatient; je lui appris la modification du ministère, et l'entrée au conseil de MM. Peyronnet, Capelle et Chantelauze; il m'assura qu'il l'ignorait complètement, et je crus même m'apercevoir qu'il était un peu piqué de n'avoir pas été consulté; ce n'a pas été la seule fois que je me suis convaincu qu'on le laissait tout à fait livré aux soins de son commandement. J'avais eu la certitude qu'il n'avait appris l'ordonnance de dissolution de la Chambre que par le *Moniteur.* M. le dauphin lui en avait cependant parlé à Toulon, comme d'une chose qui devait être faite à son retour; mais il n'en avait plus été question depuis.

Je pus me convaincre, par quelques petites observations, que l'amiral et M. de Bourmont étaient entre eux sur le ton d'une politesse froide et cérémonieuse : ils n'avaient de rapports que ceux du service, et quelques courtes promenades sur la dunette. La conversation, d'après ce qui m'a été raconté par M. de Trélan, n'était ni gaie ni expansive pendant les repas, où l'on n'avait pour distraction que les sons d'une musique militaire. La table de l'amiral se composait de huit personnes, M. de Bourmont, M. Duperré, le contre-amiral Mallet, M. de Villaret-Joyeuse, capitaine de pavillon, M. de Tampié, capitaine de frégate, chargé du détail, le général Després, M. Denniée, intendant en chef de l'armée, et M. de Trélan, premier aide de camp du général en chef. La préoccupation de M. de Bourmont, les habitudes brusques et impatientes de M. Duperré, le ton tranchant et la conversation sentencieuse et métaphysique du général Després, la futilité et l'incohérence des discours de M. Denniée, n'étaient pas faits pour répandre beaucoup de charmes sur cette réunion ; si l'on ajoute à cela de petites rivalités de position, et la monotonie de la vie de bord, on ne sera pas étonné que chacun des convives désirât vivement être rendu à son indépendance relative. Quoique parmi les officiers de la Provence et de l'état-major on trouvât un grand nombre de gens d'esprit et de joyeuse humeur, l'étiquette de ce vaisseau était si sévère, si vétilleuse, si tracassière, qu'on peut assurer, sans crainte d'être démenti par personne, que le séjour en était fort insipide, et qu'on payait par trop d'ennui, l'honneur d'être placé sous le pavillon amiral.

J'étais embarqué sur *la Didon* depuis le 18. Dans la soirée du 24, le mistral commença à souffler, et, le lendemain matin, il s'annonçait comme *devant tenir*. Tout nous fit croire que nous mettrions à la voile dans la journée. C'était d'ailleurs le jour que, sous son bonnet de soie noire, M. l'amiral Duperré avait fixé. M. de Villeneuve nous dit qu'il ne pensait pas convenable que nous allassions à terre ce jour-là, et que nous courions le risque d'y rester. Le général Tolozé, sous-chef d'état-major, qui était du nombre de nos passagers, voulut aller à bord de *la Provence* s'assurer si le départ aurait lieu ce jour-là. Je l'accompagnai avec M. de Montcarville, premier aide-de-camp du général Després, M. Frosté et le colonel Auvray. La prudence diplomatique de MM. de l'état-major de l'amiral n'autorisa pas la moindre indiscrétion. Ils étaient tous serrés, compassés, boutonnés comme les membres d'un congrès à la première séance. L'amiral se promenait sur le pont, le dos voûté, comme s'il eût eu toute l'expédition sur les épaules. Il y avait, dans le froncement de ses gros sourcils noirs, dix fois plus de responsabilité qu'un homme n'en peut porter, et dans la moue de ses lèvres, de quoi faire rentrer à fond de cale celui qui aurait conçu la téméraire idée de lui adresser une question sur ses projets de la journée. M. de Bourmont était dans sa chambre, aussi peu instruit que nous du moment du départ. Je crois qu'il n'avait même pas conçu la possibilité de s'en informer auprès de l'amiral. Il me parut fort impatienté de cette incertitude, et me dit : *Ma foi, s'il ne profite pas de ce temps-ci, je ne sais plus que penser.* Nous retournâmes à bord de notre frégate, aussi ignorans des projets de l'amiral que lorsque nous en étions partis.

A midi, la brise se fit belle et bonne, et à deux heures on fit signal au convoi d'appareiller. Ce signal avait été précédé du départ du brick *le Ducouëdic*, le premier bâtiment de l'escadre qui soit sorti de la rade ; *la Créole*, que montait le capitaine Hugon, commandant du convoi, le suivit de près, et successivement tous les bâtimens de transport mirent à la voile. La nouvelle du départ de la flotte fut bientôt sue à Toulon. Au même instant, le port et les collines qui dominent la rade furent couverts de monde. De toutes les parties de la France on était venu en Provence pour jouir du coup-d'œil des apprêts de cette grande expédition, dont le commerce de la Méditerranée devait retirer de si grands avantages. Le départ si long-temps retardé devint un grand évènement dont tout le monde voulait être témoin : quatre cents voiles sortant à la fois de la belle rade de Toulon, étaient un spectacle qu'on n'avait jamais vu, et que très-probablement on ne devait jamais revoir. A trois heures, l'ordre fut donné à l'escadre d'appareiller, et, au même instant, tous les vaisseaux furent en mouvement : frégates, corvettes, gabarres, bricks et bombardes, tous mettaient dans leur manœuvre une promptitude sans exemple ; tous se pressaient à l'entrée du goulet, et semblaient se disputer à qui arriverait le premier hors de cette rade, où les vents nous retenaient depuis si long-temps. A cinq heures, *la Provence* se mit sous voile, et, à la chute du jour, il ne restait plus un seul vaisseau dans ce port, qui, quelques heures auparavant, contenait toute la marine française. *Alger! Alger!* criait-on de toutes parts, comme les Romains criaient : *Carthage!*

Dès qu'on fut à quelques milles en mer, l'amiral fit le signal à la flotte de se mettre en ordre de marche. *La Provence* prit la tête de la première escadre ; *le Trident* se mit en tête de la deuxième ; la réserve prit l'extrême droite, et le convoi se rallia au vent à l'extrême gauche. La nuit nous déroba la beauté du spectacle dont nous jouîmes le lendemain, au lever du soleil, qui frappait d'une manière resplendissante les voiles du convoi à l'horizon, et qui éclairait les côtes de France, dont la vue allait bientôt nous échapper. Les deux lignes de notre flotte, majestueusement tracées sur la mer par un sillage d'une blancheur éblouissante, occupaient un espace qui, pour les spectateurs des vaisseaux placés au milieu, allait presque se perdre aux deux bouts de l'horizon. Le pont, la dunette, les bastingages étaient couverts de soldats et d'officiers qui ne pouvaient se lasser d'admirer ce magnifique coup-d'œil.

A sept heures, notre attention fut fixée par deux frégates qui nous arrivaient à contre-bord. On reconnut *la Duchesse-de-Berri*, commandée par M. de Kerdrain, qui faisait partie de la station d'Alger. Elle accompagnait une autre frégate qui portait le pavillon ottoman au grand mât. La frégate française manœuvra pour se rapprocher de l'amiral, et salua de treize coups de canon. Elle fit signal qu'elle avait des nouvelles de la plus haute importance. On sent ce que cet épisode de notre voyage dut fournir de conjectures à toute l'armée. Une frégate venant d'Alger, escortant une frégate turque avec pavillon amiral, n'était pas une chose ordinaire. On pensa généralement que la frégate turque devait nécessairement porter Tahir-Pacha, grand-amiral de l'empire ottoman, et qu'un personnage de cette dignité ne pouvait être chargé que d'une haute mission relative à l'expédition. M. Duperré, sans doute aussi curieux que nous de connaître les motifs du voyage du capitan-pacha, quitta la ligne, et fut au-devant de la frégate turque, qui marchait fort mal. Ils se rencontrèrent vers midi; et après les saluts d'honneur, le capitan-pacha se rendit à bord de *la Provence*. Il y resta deux heures. Vers trois heures, les deux frégates firent voile vers Toulon, et l'amiral vint reprendre sa place en tête de la ligne.

Les journaux se sont long-temps entretenus d'un capitaine de vaisseau anglais qui faisait partie de l'expédition. Chacun en a parlé d'une manière différente et selon ses passions du moment. La présence de cet officier de la marine anglaise était une chose assez extraordinaire pour fournir une ample matière aux conjectures; j'aurai occasion d'en parler souvent. Il s'est surtout dessiné à Alger d'une manière particulière, au milieu des agens diplomatiques de toutes les nations qui faisaient leur cour à M. de Bourmont. Je puis donner sur cet officier, que j'ai beaucoup connu sur *la Didon,* où il était passager, quelques renseignemens qui ne seront pas sans intérêt.

Le capitaine Mansell est descendant de l'amiral Mansell, qui commanda des flottes sous Elisabeth. Lui-même a eu des services très-honorables. Il était officier en 1816, à bord de *la Reine-Charlotte*, lors de l'expédition de lord Exmouth contre Alger. C'est un homme de trente-six ans, mais dont les traits, fatigués par une continuelle irritation nerveuse, donnent à sa figure l'aspect d'un homme de cinquante ans. M. Mansell est doué d'une imagination vive et ardente, qui a poussé sa vie dans une carrière aventureuse. Il était aux eaux de Tœplitz, en Bohême, quand il apprit qu'une expédition française était résolue contre Alger. Dès ce moment, il fut tourmenté du désir d'y prendre part. Je n'ai jamais pu savoir sous quel point de vue il avait présenté ce désir à son gouvernement pour en obtenir l'agrément : les rapports que j'ai eus avec M. Mansell m'en ont donné une opinion assez favorable pour être convaincu qu'il n'y a rien eu que d'honorable dans ses vues.

Après s'être procuré quelques recommandations auprès de M. de Bourmont, il vint le rejoindre à Toulon. C'est là que je l'ai rencontré souvent dans les salons du général en chef, avec son petit habit noir râpé, boutonné dans toute sa longueur, qui cachait un gilet de soie taché de tabac; il avait un chapeau rond dont les bords et le fond paraissaient avoir beaucoup souffert dans les filets d'une diligence. Son pantalon et ses bottes étaient tout à fait en harmonie avec le reste de son costume, qui, au milieu d'une réunion d'épaulettes et de broderies, n'avait rien de bien attractif. Cependant des yeux vifs et une physionomie fine et spirituelle, des manières aisées qui annonçaient l'habitude de la bonne compagnie, prouvaient à l'homme le moins observateur que la lame valait mieux que le fourreau. M. Mansell n'a rien de la recherche ni de la propreté anglaises; mais il a le bon sens et le sang-froid de sa nation : et malgré une teinte très-prononcée de mélancolie, on retrouve souvent chez lui des paroxismes de gaieté et même d'*humour*.

Sa présence presque habituelle à la table et dans la société intime de M. de Bourmont, parut à beaucoup de gens au moins fort singulière. On en causait diversement, et, il faut le dire, les conjectures n'étaient pas toujours favorables au capitaine anglais. Il était loin de jouir auprès de M. Duperré de la faveur dont l'honorait M. de Bourmont. L'amiral le voyait d'assez mauvais œil ; et malgré l'insistance que mettait le général en chef à obtenir pour lui le passage sur un des bâtimens de l'escadre, celui-ci s'y était constamment refusé. Le 18 mai, j'étais allé m'établir à bord de *la Didon*, où mon passage avait été désigné. Je me promenais à neuf heures du soir sur le pont avec le capitaine de frégate Pothonier, commandant en second, lorsque la sentinelle de l'échelle annonça à l'officier de quart un bateau à

tribord. Il amenait le capitaine Mansell, qui remit au commandant son permis d'embarquement. Il était pâle, défait et souffrant. J'allai au-devant de lui, et, comme installé déjà à bord, je lui offris mes services. « Pour ce soir, me dit-il, je ne de-
« mande qu'un verre d'eau; et quant à mon
« logement, il est inutile de s'en occuper :
« je coucherai dans mon manteau, sur le
« pont, entre deux canons. J'ai passé une
« journée si pénible et si affligeante pour moi,
« que, pour le grade d'amiral, je ne voudrais
« pas la recommencer. » L'intérêt que je lui témoignais le décida à me raconter toutes ses mésaventures. « Hier, me dit-il, à minuit,
« le colonel Bartillat est venu chez moi m'an-
« noncer que l'amiral avait enfin consenti à
« me recevoir à bord d'un des bâtimens de
« l'escadre, et qu'il m'avait désigné la frégate
« *la Guerrière,* commandée par M. Rabaudy.
« J'ai passé toute la journée à faire mes pré-
« paratifs de départ, et à courir pour avoir

« mon ordre d'embarquement. Enfin, à qua-
« tre heures, j'ai pu aller à bord de *la Guer-*
« *rière*. Le commandant, sans doute pré-
« venu d'avance contre moi, m'a reçu avec
« un air de dédain dont mon amour-propre
« et ma dignité nationale ont été vivement
« choqués; il a fini par me dire que mon
« nom n'était pas porté sur la liste des pas-
« sagers qu'on lui a remise. J'ai dévoré avec
« une indignation concentrée l'affront d'un
« accueil auquel est peu habitué un officier
« de mon grade; mais ce n'était rien auprès
« de ce qui m'attendait à bord de *la Pro-*
« *vence,* où je me suis fait conduire. Il ne
« m'eût pas été permis même d'arriver à
« bord, sans l'empressement de M. Aimé de
« Bourmont. L'amiral venait de se mettre à
« table, et il m'a été impossible d'être admis
« à l'honneur de lui parler. J'ai attendu deux
« heures sur le pont, sans avoir pu trouver
« moyen d'expliquer la singulière position
« dans laquelle j'étais placé. Cependant, le

« général en chef ayant été instruit que j'at-
« tendais des ordres, réclama si vivement de
« l'amiral l'exécution des promesses qu'il lui
« avait faites, que j'obtins un ordre en rè-
« gle, pour me présenter à bord de *la Di-*
« *don*. M. Aimé est venu me l'apporter de la
« façon la plus gracieuse, et j'arrive ici sans
« savoir si j'y serai mieux reçu que sur *la*
« *Guerrière*. » Je rassurai M. Mansell : « Le
général en chef vous a donné une preuve
de l'intérêt qu'il vous porte, en vous faisant
placer auprès d'un officier qui est connu
comme le plus aimable et le plus poli de la
marine. M. de Villeneuve est ce que vous ap-
pelez en Angleterre un véritable *gentleman*;
et vous n'aurez, j'en suis sûr, qu'à vous louer
de ses procédés. » M. Mansell s'est aperçu
depuis que je n'avais pas exagéré les éloges
auxquels a droit M. de Villeneuve, et comme
homme de bonne compagnie, et comme
officier du plus grand mérite.

Les études variées du capitaine Mansell,

sa conversation intéressante, par un grand nombre d'anecdotes curieuses, l'avidité avec laquelle on écoutait les renseignemens qu'il avait recueillis dans l'expédition de lord Exmouth sur les forces d'Alger et sur la manière de combattre des troupes du dey, faisaient rechercher par tous les officiers sa société. Bientôt, malgré son habit râpé, son col noir déchiré et sa casquette crasseuse, il fut traité avec une grande considération. Il plaisantait lui-même de très-bonne grâce sur le négligé un peu plus que philosophique de son costume ; il me répétait souvent avec gaieté qu'il voulait jouer un rôle dans un mélodrame sur la conquête d'Alger, et qu'il verrait avec plaisir son petit habit noir figurer sur le dos d'un acteur du théâtre de Franconi. Bon convive, bon compagnon, bon camarade, le capitaine Mansell était recherché de tout le monde, soit qu'il parlât marine avec M. de Villeneuve, art militaire avec le général Tolozé, artillerie avec le colonel Auvray, wisk avec le directeur des vivres Bréidt, littérature avec le commandant Montcarville, musique avec le capitaine Chapelié, ou théâtre avec moi. J'aurai, du reste, à m'occuper de lui dans d'autres circonstances dans lesquelles il se présentera sous des points de vue tout à fait différens.

———

Nous continuions gaiement notre route vers la côte d'Afrique, avec un vent presque constamment bon ; nous bornions notre marche de quatre à cinq nœuds (une lieue deux tiers à l'heure), en la réglant de manière à ne pas perdre de vue le convoi, et nos lunettes presque toujours braquées sur les signaux de l'amiral, qui ne nous en laissait pas manquer : je ne crois pas que jamais flotte en ait fait un plus grand usage ; les timoniers n'étaient occupés qu'à hisser et à amener *l'aperçu* et *l'attention;* et depuis le lever jusqu'au coucher du soleil, il fallait être occupé à feuilleter la tactique, à compter des numéros, à faire et à répéter des signaux, la plupart d'une futilité, je dirais presque d'une niaiserie tracassière, qui n'était qu'une ridicule affectation de sollicitude; au bout de deux jours nous n'y fîmes plus attention, et laissâmes l'officier chargé de ce fatigant et ennuyeux service, dans la sphère d'activité continuelle dans laquelle le plaçait l'amiral. Aucun évènement remarquable n'eut lieu jusqu'au 28 au matin, qu'une forte brise d'est nord-est nous amena une mer houleuse et fatigante; nous apercevions au loin les bateaux-bœufs luttant péniblement contre le vent et les vagues. Nous restâmes toute la journée par le travers des îles Baléares. Le 29, le temps devint beau, la mer tomba, et la journée fut employée à bord à la manœuvre du canon; ce simulacre de combat avait quelque chose de plus imposant sur *la Didon,* qui faisait partie de la division d'attaque ; ce n'était pas un exercice sans but, un passe-temps de bord, c'étaient les apprêts d'une grande scène militaire, la répétition d'un des grands évènemens de la campagne ; nous étions à cinquante lieues d'Alger, et dans moins de deux jours, nous devions nous trouver devant les batteries de Torre-Chica, où nous savions que notre frégate avait un poste d'honneur. Les dangers et les chances du combat semblaient faire peu d'impression sur nos soldats et sur nos matelots, dont la gaieté ne fut jamais plus vive qu'aux approches de la côte d'Afrique. Ce n'était tous les soirs que danses et jeux à bord ; le gaillard était rempli de chanteurs et de *loustics*, qui par cent contes plus plaisans les uns que les autres, par des imitations de tous les genres, égayaient les longues et monotones nuits de la mer : les officiers eux-mêmes ne dédaignaient pas, comme spectateurs, de prendre part à ces réjouissans spectacles, et on désertait souvent la dunette pour aller fumer le cigare au pied du mât de misaine, à côté d'un groupe de *troupiers finis* qui racontaient aux matelots les lazzis d'Odry, leurs prouesses de la Courtille, leurs aventures de barrières, et tous les joyeux souvenirs de leur garnison de Paris.

Ce fut dans la matinée du dimanche 30 mai que commença cette suite de manœuvres contradictoires, qui furent une énigme pour toute l'armée, et que personne n'a pu même comprendre en lisant depuis la dépêche du 2 juin de M. Duperré au ministre de la marine. A trois heures du matin le vent fraîchit, et à dix heures *le Griffon*, qui était en tête de l'escadre, vint avertir l'amiral qu'il avait aperçu la terre. Aussitôt l'ordre fut donné à toute la flotte de virer de bord; nous jugeâmes que l'amiral ne voulait pas approcher la côte avant d'avoir communiqué avec le commandant de la station. Nous fîmes route vers le nord pendant toute la matinée. A cinq heures du soir nous aperçûmes *la Syrène,* montée par M. Massieu de Clerval, commandant la station, et qui venait communiquer avec l'amiral, d'après les ordres qui lui avaient été transmis dès le matin par *le Griffon.* A sept heures on nous donna l'ordre de revirer de bord vers Alger, de courir quarante milles dans cette direction, et de mettre en panne à trois heures du matin, où nous devions nous trouver à trois ou quatre lieues de terre. Nous dûmes croire que les renseignemens donnés par *la Syrène* étaient favorables à notre débarquement, quand nous vîmes distribuer au bataillon du 49ᵉ et à la compagnie de voltigeurs du 15ᵉ, que nous avions à bord, les cinq jours de vivres que devait recevoir l'armée avant de débarquer; distribution qui, soit dit en passant, était assez mal entendue; pouvait-on penser que des soldats déjà surchargés par leur équipement de campagne, trouveraient moyen de placer dans leur sac cinq rations de lard cuit, dont la graisse fondante eût gâté tous leurs vêtemens, cinq rations de riz fort embarrassantes à conserver, et cinq rations de vin, objet continuel de tentation pour des soldats strictement rationnés depuis plus de quinze jours? Je ne parle pas encore des cinq rations de biscuit, dont il était physiquement impossible que le soldat pût trouver la place. Cette distribution inopportune fut la seule chose contre laquelle j'aie vu la troupe témoigner quelque mécontentement pendant toute la traversée.

Le 31, à trois heures du matin, nous étions en panne à cinq lieues au nord du cap Caxine, tous sur le pont; le ciel était brumeux, et le soleil se levait à notre gauche, au milieu de nuages épais ; nous apercevions difficilement devant nous la côte d'Afrique, lorsque quatre vaisseaux de la station vinrent au-devant de l'amiral. *La Syrène*, après avoir communiqué par le télégraphe, vint lui déférer le commandement, en hissant et amenant son pavillon; aussitôt la flotte reçut de nouveau l'ordre de reprendre le large. Cette manœuvre affligea tout le monde; notre espoir se trouvait encore déçu; nous allions nous éloigner de nouveau du terme de notre voyage, et chacun blâmait hautement la prudence de l'amiral, que tous les marins justifiaient par des raisons qui ne purent pas nous convaincre, et dont ils ne nous paraissaient pas eux-mêmes aussi persuadés qu'ils voulaient nous le faire croire. L'amiral avait été effrayé d'une mer houleuse et d'un vent assez frais d'est sud-est; mais tout portait à croire que cette mer et ce vent étaient beaucoup moins forts près de terre; et d'ailleurs, la partie de la baie de Sidi-Ferruch dans laquelle nous devions mouiller, étant précisément abritée de ces vents, nous devions y trouver le calme nécessaire à notre débarquement; le véritable motif de notre changement de route, celui que nous avons appris depuis, c'est que les mesures avaient été si mal prises pour les convois, qu'on ne savait plus où les retrouver ; qu'une partie était tombée sous le vent, que les bateaux-bœufs, que nous ne voyions plus et qu'on croyait dispersés, étaient allés au rendez-vous général, et se trouvaient devant Torre-Chica, où nous aurions dû être comme eux, et qu'enfin le convoi qu'on s'était obstiné à ne faire partir qu'après nous de Toulon, avait été jeté loin de sa route le 28, par un coup de vent de nord-ouest. Ce qu'il y a de très-sûr, c'est que le 31 au matin nous ne savions plus où étaient nos transports, et que les bâtimens de guerre seuls étaient en bon ordre. Le soir, à sept heures, *l'Euryale*, qui commandait les bateaux-bœufs, rallia l'escadre, et, à notre grand désappointement, nous fîmes route vers le golfe de Palma.

C'est ici que commence cette longue et sotte promenade qui dura onze jours, et qui offrit aux habitans des îles Baléares le spectacle curieux d'une flotte de cent vaisseaux et d'une armée de quarante mille hommes, se pavanant sous voile, de la pointe de Cabrera à celle de Dragonera, et du cap Blanc à l'île de Fromentiera. Chaque matin, au lever du soleil, l'officier chargé des signaux cherchait, à grands renforts de lunette, le pavillon amiral, pour apprendre si l'ordre de se diriger vers la côte d'Afrique allait enfin nous être donné; et à notre grand regret, nous restions livrés à l'incertitude et aux conjectures. L'amiral avait rendu sa manœuvre indépendante, et avait remis le commandement à l'amiral Rosamel; avancé dans la rade de Palma, il communiquait sans cesse avec le commandant du convoi, et faisait courir sur tous les points les bricks et les bateaux à vapeur pour rallier les transports et les bateaux-bœufs qui arrivaient de tous côtés par petites divisions. Notre position avait quelque chose de si étrange, que le gouverneur des îles Baléares en fut effrayé ; il crut son gouvernement menacé, et se fit l'honneur de penser que l'expédition d'Alger n'était qu'un prétexte, et que la conquête de Majorque et de Minorque était le véritable motif de notre armement ; il ne fallut rien moins que les protestations de M. de Bourmont et de M. Duperré pour le rassurer complètement; dès ce moment ce ne furent que fêtes et plaisirs à Palma. Les bals et les spectacles y étaient offerts aux soldats et aux officiers de terre et de mer qui faisaient partie du convoi, tandis que ceux qui étaient à bord des vaisseaux de guerre, paradaient tristement en vue du port, privés de toute communication avec la terre.

Dix jours se passèrent dans cette insupportable anxiété, sans nouvelles, ne recevant que des ordres insignifians, qui fatiguaient sans cesse l'équipage par des manœuvres sans but, courant des bordées inutiles, avec une brise des plus favorables, qui nous eût mis en quelques heures dans la rade d'Alger, et déplorant tant de beaux jours perdus, où la mer, à peine ridée à sa surface, nous eût permis un débarquement si doux et si facile : le découragement s'emparait alors de nous tous, et sur chaque vaisseau de la flotte les mêmes impressions étaient répétées ; cette longue inaction, que nous ne pouvions raisonnablement attribuer à la dispersion de nos convois, nous jetait dans des conjectures dont le cercle parcourait toute la série d'évènemens et de projets que pouvaient amener un changement de ministère, des combinaisons diplomatiques, la crainte d'une guerre, la mort du roi ; je dois convenir cependant que les rêves de notre imagination malade n'allèrent jamais jusqu'à présumer la chute du trône, qui devait arriver deux mois plus tard!.....

Enfin, le 9 juin sembla devoir mettre un terme aux indécisions de l'amiral. *La Pro-*

vence, que nous avions perdue de vue depuis deux ou trois jours, reparut à la pointe du cap *Figuera;* nous ralliâmes l'escadre, et nous reprîmes dans la ligne notre ordre de marche, entre *la Guerrière* et *l'Iphigénie.* L'amiral fit le signal à *la Ville de Marseille,* au *Breslaw* et au *Nestor,* de se rendre à son bord : ces vaisseaux portant les généraux commandant les trois divisions de l'armée, on en conclut qu'un conseil de guerre aurait lieu à bord de *la Provence,* pour s'entendre sur les dernières mesures à prendre pour le débarquement; cet incident rendit la gaieté à tout le monde; un billet que reçut le général Tolosé du général Monck-d'Uzer, dans lequel il lui donnait l'assurance que le lendemain le convoi, rallié, sortirait de la rade de Palma, et que l'escadre se mettrait en bonne route, vint dissiper le lourd ennui que nous éprouvions; on attendait avec impatience le soleil du 10. Les gabiers de misaine nous annoncèrent, à six heures du matin, qu'on voyait dans le fond de la baie les bâtimens du convoi qui se disposaient à appareiller. Enfin, à une heure l'armée reçut l'ordre de se mettre en marche vers le sud sud-est. Le coucher du soleil, pur et brillant, répandait ses teintes dorées sur les voiles de plus de trois cents navires; la mer était couverte de vaisseaux, le vent portait de tous côtés les sons des musiques militaires; et nous avions la certitude que la joie qui animait l'équipage et les passagers de *la Didon*, était partagée par toute la flotte.

La journée du 11 fut une journée de mouvement et d'émotions; le beau temps dont nous avions joui pendant dix jours sembla nous abandonner; le ciel était couvert d'énormes nuages blancs, et l'horizon devant nous se perdait dans des brouillards noirs et épais; le vent soufflait avec force, et nous amenait de grosses vagues du large; des grains fréquens annonçaient un temps d'orage qui nous faisait craindre que la côte ne fût pas abordable ; cependant nous étions plus près d'Alger qu'Orléans ne l'est de Paris, mais le convoi était loin derrière nous, et paraissait mal tenir la mer ; notre inquiétude était vive ; nous redoutions à chaque instant un signal qui nous ramènerait dans le golfe de Palma. Enfin, à une heure après midi, l'amiral, qui depuis le matin avait pris la tête de la ligne, donna l'ordre télégraphique de visiter les chalans, et de les faire réparer au besoin; ce qui nous fit penser qu'un parti était pris sur un prochain débarquement. *Le Ducouédic,* qui avait été envoyé pour reconnaître la terre, la signala dans le sud sud-ouest. Enfin, à six heures le soleil se montra brillant au milieu d'une éclaircie de nuages, et nous permit de voir distinctement le vaisseau *la Provence,* couvert de signaux; nous y lûmes avec joie : BRANLE BAS GÉNÉRAL DEMAIN A QUATRE HEURES DU MATIN. *Ordre* à la Didon *d'aller s'embosser à l'ouest de Torre-Chica.* Cependant le vent reprit de la force, et la mer du mouvement; il soufllait grand frais, nous filions plus de huit nœuds; l'amiral donna l'ordre à la flotte de courir cinquante milles droit sur Alger, et de mettre ensuite en panne; tout cela nous fit craindre que le débarquement n'eût pas encore lieu le lendemain. A la pointe du jour, l'officier de quart fit demander tous les maîtres; et une demi-heure après les tambours et les fifres firent entendre la générale dans la batterie; aussitôt on s'apprêta au *branle bas de combat*; ce mouvement de bataille, ces apprêts imposans étaient pour la plupart de nous un spectacle nouveau; mais bientôt un signal de l'amiral vint le suspendre, et nous eûmes l'ordre de virer de bord, quoique le commandant de la station fût venu donner l'assurance que sur la côte le vent et la mer étaient moins forts qu'au large. Il conseilla néanmoins d'attendre que le temps fût mieux établi; nous passâmes cette journée à louvoyer hors de la vue des côtes.

Le moment du combat approchait; tout devait nous faire croire qu'il serait long et périlleux; la division d'attaque n'était composée que de trois frégates et de deux vaisseaux; et tous les rapports s'accordaient à dire que la tour de *Torre-Chica* (1) était armée de plusieurs pièces de gros calibre, et que de nouvelles batteries avaient été construites sur le point supposé de notre débarquement; malgré le calme et le sang-froid du commandant et des officiers de *la Didon*, on s'attendait à une affaire très-chaude. Le capitaine Mansell parut sur le pont, non plus cette fois comme nous l'avions vu depuis son embarquement, avec le petit habit noir râpé qui devait figurer dans un mélodrame du Cirque, mais avec un uniforme simple et sévère qui,

(1) La tour de *Torre-Chica* est un pléonasme consacré; on l'a toujours employé, quoique ce soit un non-sens qui ne veut dire autre chose que *la tour de la petite tour*.

sans être précisément celui de la marine anglaise, s'en rapprochait beaucoup ; il portait les épaulettes de capitaine de vaisseau, et avait la cocarde blanche à son chapeau ; il avait obtenu de M. de Bourmont l'autorisation d'assister au combat, sous la couleur française ; je n'ai jamais vu un homme plus content ; l'idée de se retrouver encore sous le feu des batteries algériennes le comblait de joie ; il nous assurait qu'il ne changerait pas sa position contre le plus riche commandement de l'Inde ; il avait, au lieu d'épée, une claymore à garde d'acier d'une forme et d'un dessin du seizième siècle ; je ne me souviens plus de quel chef de clan elle lui venait, mais elle n'était guère moins illustre que celle des Argyll, des Atholl, des Lindsay ou des Graham. Le capitaine Mansell était considéré comme l'oracle du bord, à cause de ses souvenirs de l'expédition de lord Exmouth, et de l'étude particulière qu'il avait faite des forces de la Régence et de la manière de combattre des Turcs ; souvent, quand il était en train de plaisanter, il nous exagérait d'une manière fort gaie les dangers du débarquement; il ne s'agissait de rien moins que de deux cents pièces de canon en batterie, masquées par les broussailles, et hors d'atteinte du feu de nos vaisseaux ; parlant ensuite plus sérieusement, il estimait que nous devions regarder comme une chose très-heureuse de ne perdre que trois mille hommes dans le débarquement, qui était, selon lui, l'opération la plus difficile de la campagne. Le fait est que nous étions dans l'ignorance la plus complète sur l'état des forces que nous allions combattre ; on aura peine à croire que nous ayions entretenu pendant trois ans, sur les côtes de la Régence d'Alger, une croisière formidable qui a coûté près de vingt millions à la France, et qu'une expédition aussi importante que celle que nous tentions, ait été entreprise avec les renseignemens les plus incertains et les plus incomplets, sur les travaux de défense exécutés sur le point du débarquement; les attérages de Sidi-Ferruch avaient été explorés avec si peu de soin, qu'on en connaissait à peine la situation, que les cartes de la marine et celles du Dépôt de la guerre n'étaient d'accord ni entre elles, ni avec celles de Boutin, ni avec les cartes anglaises; nous nous sommes assurés depuis, par le travail des ingénieurs-géographes, que tous les relèvemens étaient fautifs : on verra plus tard jusqu'à quel point l'incurie avait été portée.

Le dimanche 13, avec le lever du soleil, nous aperçûmes très-distinctement la terre d'Alger, quoique nous en fussions à six lieues; l'amiral nous donna ordre de forcer de voiles; nous fûmes bientôt assez près de la côte pour voir distinctement la ville, grande masse blanche se détachant d'une manière éblouissante sur un fond d'un beau vert, parsemé d'une innombrable quantité de gros points blancs semblables à des marguerites jetées avec profusion sur un tertre de gazon; ces points blancs n'étaient rien moins que de riches et belles maisons de campagne. En peu d'instans nous fûmes à portée de voir de très-près les forts et les remparts, ces triples batteries de gros calibre, élevées sur trois étages, défendant dans tous les sens les approches du port; et tant d'ouvrages nouveaux, faits d'après les nouveaux systèmes de fortification, par des ingénieurs qui à coup sûr n'étaient pas nés sujets du dey; enfin devant nous se développait cette longue ceinture de forts et de batteries, qui couvre de demi-lieue en demi-lieue la vaste circonférence de la baie d'Alger, depuis le cap Caxine jusqu'au cap Matifoux, dans une étendue de plus de quatre lieues.

Ni sur le môle, ni sur la Cassauba, ni sur le château de l'Empereur, ne flottait aucun pavillon; nous n'aperçûmes même ni dans le port ni dans la ville aucun mouvement.

La sécurité semblait complète, et une flotte de cent vaisseaux de ligne et une armée de quarante mille hommes parurent si méprisables à la présomption de ces pirates, qu'ils ne nous honorèrent pas d'un seul coup de canon.

Toutes nos mesures étaient prises, le branle-bas général était fait depuis le lever du soleil, le pont et la batterie offraient le spectacle imposant de tous les préparatifs d'un combat, tout était prévu, disposé, complet, les mèches fumaient à côté des canons, chacun était à son poste, depuis le commandant sur le banc de quart, jusqu'au dernier des servans de sainte barbe. Nous marchions en ligne de bataille, nous suivions *l'Iphigénie*, et *le Trident* était devenu notre matelot d'arrière. Les bricks *le Dragon* et *l'Alerte* marchaient en tête de la ligne, pour signaler les sondes; les bâtimens du convoi nous suivaient de très-près. Ce fut dans cet ordre que nous défilâmes devant Alger, en longeant la côte et faisant route vers Sidi-Ferruch. Vers onze heures du matin nous aperçûmes la vieille tour de Torre-Chica, qui se détachait en blanc sur le bel azur des montagnes de l'Atlas; bientôt nous en fûmes assez près pour douter qu'elle fût armée, car nous ne pouvions raisonnablement regarder comme une défense, une mauvaise couleuvrine placée sur chacun des côtés de la plate-forme; nous pensions que toute la force de ce point important avait été concentrée dans l'enceinte de la baie où nous allions mouiller, car je ne puis m'empêcher de répéter ici l'observation pénible que nous faisions à bord, qu'il était inconcevable qu'on eût déterminé un mouillage et fait un plan d'attaque et de débarquement sur un point de la côte dont on ne connaissait ni la défense, ni la force, ni la position; aussi a-t-on pu regarder notre premier succès dans les opérations de la campagne, comme l'origine de cette suite d'évènemens fortuitement heureux que nous avons eus depuis le jour où nous avons mis le pied sur le sol africain, jusqu'au jour où nous sommes entrés dans la Cassauba.

Nos bâtimens de tête serraient de très-près la côte; et ce ne fut pas sans étonnement que nous n'entendîmes pas un seul coup de canon ; nous entrâmes à midi dans la baie de l'ouest, de la presqu'île de Sidi-Ferruch. *Le Breslaw* mouilla le premier, *l'Iphigénie* ensuite, et nous (*la Didon*) immédiatement après; *la Provence* vint jeter l'ancre à quelques brasses derrière ; et au même instant nous nous mîmes sur nos câbles d'embossage, présentant babord à la batterie neuve. Nous étions à peu près à deux cent cinquante toises de terre, et nous regardions avec étonnement la solitude qui régnait sur la côte; la presqu'île était déserte; on eût dit que le dey ignorait absolument et nos projets, et notre départ, et notre arrivée, et le point de ses Etats que nous voulions attaquer; aucun ennemi ne se présentait; l'œil ne découvrait pas vestige d'être animé; les embrasures de la batterie neuve étaient vides; on en avait retiré les canons, comme si l'on avait voulu que rien ne pût altérer notre sécurité. Heureuse présomption du dey, qui lui avait suggéré l'idée de n'entraver en rien notre débarquement, bien convaincu qu'il était que tous ceux qui aborderaient le sol africain devaient être ses victimes ou ses esclaves, et que notre artillerie et nos munitions ne pouvaient servir qu'à enrichir ses magasins et à meubler ses arsenaux!

Le calme et le silence qui régnaient sur la côte avaient quelque chose de sinistre et d'effrayant; ils nous paraissaient au moins inexplicables. Le marabout de Sidi-Ferruch avait été habité, tout nous portait à le croire; on y voyait autour toutes les dépendances d'une petite ferme, les écuries et la basse-cour, le potager, le jardin, et des champs de maïs, d'orge et de froment; des haies vives d'aloës, d'agave, et de figuier d'Espagne, annonçaient tous les soins de la culture et de la propriété ; nous voyions un lieu habité, mais pas un seul habitant ; notre étonnement ressemblait à de l'anxiété, ou, pour mieux dire, nous éprouvions une sorte d'humiliation à voir traiter avec tant de dédain une expédition qui depuis six mois fixait les regards et l'attente de l'Europe.

Bientôt un coin du tableau parut s'animer ; au milieu de hautes broussailles qui couvraient la presqu'île, et les collines qui bordaient l'horizon, nous découvrîmes derrière un ravin le sommet pointu d'une tente d'Arabe, auprès de laquelle flottait un petit pavillon rouge ; et en dirigeant nos lunettes sur ce point, nous vîmes, à travers les massifs de myrtes et de genêts, les *bournous* de quelques Bédouins, qui, de toute la vîtesse de leurs chevaux, se dirigeaient vers la ville d'Alger, sans doute pour aller annoncer au dey la nouvelle de notre arrivée ; au devant de la tente on apercevait aisément de la terre fraîchement remuée, et tout annonçait qu'une batterie avait été depuis peu placée dans cet endroit, masqué par les dunes.

L'amiral donna l'ordre au capitaine Louvrier, qui commandait le bateau à vapeur *le Nageur,* de s'approcher de la côte, et de tirer quelques coups de canon sur ce point. Cette manœuvre, exécutée avec intelligence, eut tout le succès qu'on en attendait, et tout aussitôt la batterie turque fit feu sur nous; elle était composée de dix pièces de gros calibre et de deux mortiers de vingt-quatre; quelques coups furent habilement pointés, quelques boulets vinrent tomber à peu de distance de nous, soit sur l'avant soit sur l'arrière de la frégate, et un éclat de bombe blessa deux gabiers dans la hune d'artimon, à bord du *Breslaw;* une cinquantaine de boulets furent échangés entre nous et les Arabes; et une bombe, si mal pointée par eux qu'elle éclata sur leur tête, mit fin à cette ridicule escarmouche.

Le temps était superbe, la mer calme et le vent soufflait à peine ; mais la journée était trop avancée pour penser à débarquer. A deux heures, l'amiral donna l'ordre à tous les vaisseaux de mettre les *chalans* à la mer, de les conduire à bord des bâtimens chargés des troupes de la première division, et aux chaloupes de se tenir armées et prêtes à opérer le débarquement à une heure du matin. Le coup-d'œil du bord était ravissant; la gaîté y était bruyante ; chacun s'apprêtait à débarquer, et à quitter enfin ces planches sur lesquelles nous étions depuis près d'un mois. Les soldats soupiraient après le *plancher des vaches,* et surtout après le moment qui allait les mettre en présence des Arabes ; je n'ai jamais vu une joie plus vive que celle qu'ils éprouvèrent à la distribution des cartouches; et quand ils revirent ce sabre et ce fusil dont ils étaient privés depuis si long-temps, et qu'ils retrouvaient comme d'anciens amis, il fallait voir avec quel soin et quelle affection ils les fourbissaient pour leur rendre ce brillant et ce poli qu'ils avaient perdus dans les salles d'armes de la sainte-barbe. On n'entendait de tous côtés que des chants grivois, et les éclats joyeux de l'ivresse générale; ce ne fut pas sans peine qu'on décida les troupes à prendre quelques instans de repos, et qu'on en obtint un silence qui, dans la circonstance où nous nous trouvions, devenait une mesure de prudence. Tous les officiers s'attendaient dans la nuit à une attaque vigoureuse ; dirigée des batteries de la côte sur nos vaisseaux, elle eût pu être sérieuse et meurtrière. Sans l'heureuse présomption d'Husseim et sans sa stupide avarice, nous aurions éprouvé de grands désastres; quelques centaines de bombes et de fusées à la Congrève, lancées au hasard sur la baie, dans laquelle se trouvaient réunis plus de trois cents bâtimens, sur une étendue de deux milles carrés, devaient à coup-sûr incendier une partie de la flotte, et compromettre notre débarquement; heureusement rien de cela n'arriva, et ni les Turcs ni les Bédouins ne songèrent à troubler le moins du monde nos préparatifs du lendemain. Du reste, nous avons pu, plusieurs fois pendant la campagne, nous convaincre et nous féliciter de l'usage établi parmi les Arabes de ne jamais se battre entre deux soleils.

———

Un léger bruit ou plutôt un faible bruissement régnait dans la baie de Sidi-Ferruch dans la nuit du 13 au 14 juin; la mer était calme et belle; au mouvement de la lame qui allait expirer sur la plage, se mêlaient les voix sourdes des soldats qui s'embarquaient dans les chalans, et à qui les officiers recommandaient à chaque instant le silence: les matelots n'agitaient les rames qu'avec précaution ; et malgré l'activité de la flotte, et le mouvement d'une quantité innombrable d'embarcations de tous les genres, la rade conservait un aspect mystérieux, qui avait quelque chose d'imposant et de solennel qui annonçait l'exécution d'une grande entreprise. En abordant la plage africaine, les souvenirs se reportaient confusément sur les siècles passés ; et les noms de Scipion, de Saint-Louis, de Charles-Quint et de Bonaparte, venaient s'offrir à la fois à la mémoire; Carthage, Tunis, Alger, le Caire, étaient des mots que chacun répétait en y mêlant les idées de conquête, de magnanimité, de résignation, de désastres et de victoires.

Le ciel était d'une pureté admirable, l'air était frais, l'Orient seul était enveloppé dans des nuages lourds et épais; le soleil, ainsi que cela arrive souvent en Afrique, allait se lever au milieu des brouillards. Le calme de la veille régnait sur toute la côte, les chalans et les bateaux-bœufs, chargés de troupes et de batteries de campagne, se dirigeaient vers la terre. A trois heures et demie, la brigade d'avant-garde, commandée par le général Poret de Morvan, aborda la côte; marins et soldats se jetèrent dans la mer, et s'élancèrent à terre au pas de course, ayant de l'eau au-dessus du genou; les cris de *vive le roi!* retentirent de tous côtés; il serait difficile de dire quel est le premier Français qui a mis le pied sur le sol africain; il est certain qu'un grand nombre d'hommes se sont précipités à la fois vers la plage, et que parmi eux se trouvait le jeune Cerf Berr, officier d'ordonnance du général. Le 2e et le 4e régiment d'infanterie de ligne légère et le 3e de ligne, se formèrent aussitôt sur le rivage; ils furent immédiatement suivis du 14e et du 34e, composant la brigade Achard; et avant sept heures, le 20e et le 28e, sous les ordres du général Clouet, étaient en ligne devant la batterie ennemie, qui ne commença son feu qu'à six heures du matin. Ses boulets atteignirent quelques-uns de nos soldats dans les chalans et au moment où ils abordaient la terre ; un matelot de *la Surveillante* eut la cuisse emportée dans sa chaloupe, un soldat du 20ᵉ eut les reins labourés par un boulet ; quelques autres accidens de ce genre furent les seuls évènemens fâcheux du débarquement. La batterie tira plusieurs bombes sur la flotte ; une de ces bombes vint tomber dans la mer, à trois toises de la galerie de poupe de *la Didon ;* nous étions plus de quarante personnes sur la dunette ; quelques lignes de mèche de moins, et une partie de l'état-major général était mise hors de combat.

A cinq heures du matin, le pavillon blanc flottait sur *Torre-Chica,* et sur la batterie neuve de la plage ; il fut placé sur la tour, à ce qu'on m'a assuré, par un matelot du *Nestor,* d'autres disent par un gabier de *la Provence ;* celui de la batterie fut placé par un des sapeurs de la compagnie du capitaine

Ronfleur, qui fut prendre possession du marabout, après l'avoir fait explorer par ses sapeurs.

Le lever du soleil nous montra la 1re division formée en carré sur le terrain, l'artillerie de campagne en position, et les tirailleurs débusquant des broussailles et des ravins les Arabes, qui s'y défendaient vigoureusement. A huit heures, la 2e division était déjà à terre, et le général en chef et son état-major débarquèrent à neuf heures, au son d'une musique guerrière, et au moment où l'affaire était engagée sur toute la ligne. M. de Bourmont, en débarquant, alla se placer avec ses aides-de-camp au milieu du feu, et, au moment où il arrivait, un boulet vint tomber à ses pieds. La 3e division, commandée par le brave et noble duc d'Escars, les suivit immédiatement; la batterie ennemie, qui était le point de défense de l'ennemi, fut aussitôt battue directement par notre artillerie, pendant que le général Berthezène tournait sa position par la gauche, et que les bricks *l'Ac-téon* et *la Bayonnaise*, et la corvette *la Badine*, mouillés dans la baie de l'est, faisaient un feu des plus vifs sur le flanc de la ligne ennemie; la lutte ne fut pas longue ; à onze heures la batterie fut désemparée, et onze pièces de bronze et deux beaux mortiers qui avaient fait partie de l'expédition de Charles-Quint, tombèrent en notre pouvoir. Pendant toute la journée, nos tirailleurs poursuivirent les Arabes, qui défendaient encore pied à pied le terrain de la presqu'île, qui, avant la nuit, fut en notre pouvoir. Ainsi s'opéra en quelques heures, et avec une perte à peine de cinquante hommes, ce terrible débarquement considéré comme l'opération la plus difficile de l'expédition; mais convenons franchement que ce succès ne peut être attribué ni à la prudence de l'amiral, ni à l'habileté des chefs; il a tenu absolument à la sottise du dey et à l'entraînement irrésistible des troupes de terre et de mer; surtout à un heureux concours de circonstances que j'attribuerai à la Providence, que d'autres, s'ils veulent, attribueront au hasard, mais dont il est impossible de méconnaître l'influence dans la plupart des grands évènemens de ce monde (1).

La presqu'île de Sidi-Ferruch est une langue de sable couverte de broussailles et de taillis, qui s'avance d'une demi-lieue environ dans la mer, en s'élevant assez rapidement vers son extrémité septentrionale, où

(1) Ce que je dis ici est tellement vrai, que si, par l'effet du hasard, le temps nous eût fait arriver au mouillage le 15 au lieu du 13, le débarquement se serait trouvé en plein mouvement au moment de l'horrible tempête que nous essuyâmes dans la matinée du 16; peut-être la seconde division, surprise dans les chalans par les coups de vent et la mer furieuse qui en fut la suite, eût péri sans pouvoir aborder. Que seraient devenus alors la sagesse, le savoir et l'expérience de M. Duperré? Quant à l'habileté des chefs, je suis loin de la contester; mais je me borne à dire qu'ils n'ont pas eu besoin d'en faire preuve dans l'affaire du 14 : louons seulement leur bravoure.

elle forme un promontoire entouré de rochers fortement déchirés; ce piton granitique est couronné par un plateau assez vaste, au milieu duquel se trouve la tour de *Torre-Chica*, qui a sans doute été bâtie autant pour protéger la côte que pour défendre le marabout, au-dessus duquel elle s'élève; la mosquée et le tombeau sont enclavés dans plusieurs cours, autour desquelles se trouvent la demeure du santon et les cellules des fidèles musulmans qui viennent visiter ce lieu révéré; quelques hangards couverts de chaume, servant d'écuries aux chameaux et aux chevaux des pélerins, et les dépendances d'une petite ferme, sont les seuls vestiges d'habitation. Il faut y ajouter cependant une espèce de corps-de-garde placé à quelques toises de la tour, une batterie à embrasures, en pierres de taille, destinée à défendre l'approche de la baie de l'ouest, et quatre ou cinq citernes abondamment pourvues d'une eau assez limpide, mais passablement saumâtre.

Les environs du marabout, quand nous y sommes arrivés, offraient quelques traces de culture; il y avait des carrés de terre défrichés et semés d'orge et de maïs, d'autres qui ressemblaient à des espèces de jardins, où se trouvaient quelques figuiers, un ou deux abricotiers et quelques ceps de vigne qui rampaient sur le sable, tout cela entouré de haies vives de *raquettes* et d'*agaves*, dont la fleur s'élance majestueusement sur une tige d'une hauteur prodigieuse; le reste de la presqu'île était couvert d'une végétation touffue et tortillarde, au milieu de laquelle on remarquait par-ci par-là de grands lauriers-roses, des lentisques, des arbousiers et des myrtes sauvages; au milieu s'élevait un superbe palmier, dont les feuilles et la tige, d'un beau vert foncé, se détachaient vigoureusement sur le ciel bleu de la côte d'Afrique.

Quand je débarquai, il était près de cinq heures du soir; il y avait déjà plus des trois quarts de l'armée à terre, la presqu'île entière était à nous, et la division Berthezène avait déjà pris position sur les coteaux d'où les Arabes avaient été débusqués dans la matinée; les deux autres divisions occupaient le reste du terrain que nous avions conquis. La joie était partout; il est difficile de se faire l'idée d'une armée le jour d'un succès, et d'un succès aussi décisif, aussi complet, aussi inespéré que celui du débarquement. Les Bédouins avaient fui devant nos soldats, et pour premier trophée nous avions enlevé à l'ennemi douze pièces de canon, que tout le monde allait voir comme une curiosité ; les deux mortiers étaient réellement très-beaux, et d'un fini de ciselure et d'ornemens de la plus grande richesse; ils faisaient partie de l'artillerie restée dans les fondrières où avaient péri tant de soldats de l'armée de Charles-Quint. Cette plage, presque déserte la veille, était animée par la présence de trente mille hommes, qui faisaient retentir l'air de mille cris et de mille chants de joie; les soldats mangeaient et buvaient gaiement les rations qui leur avaient été distribuées à bord, en préparant leur bivouac pour la nuit. Pendant ce temps les officiers du génie, sous les ordres du général Valazé, traçaient sur un développement de mille mètres environ, cette belle ligne du camp retranché qui isolait du continent la presqu'île qui allait nous servir de réserve, et qui nous mit en moins de cinq jours dans un état de défense qui pouvait défier toutes les forces de la Régence.

Le quartier-général était établi à Torre-Chica; tout l'état-major-général avait pris ses logemens dans les dépendances de l'habitation du marabout (1). M. de Bourmont

---

(1) Ce marabout, qui alors était en fuite, vint à Alger, quelques jours après notre entrée. Quand l'armée et les magasins eurent évacué Sidi-Ferruch, il vint solliciter du général en chef la faveur de retourner à son ancienne demeure, ce qui lui fut accordé, à condition qu'il veillerait à la conservation des tombeaux élevés à la mémoire des officiers morts pendant la campagne. Ce marabout est un gros derviche de bonne mine, frais, fleuri, et gras comme un moine espagnol.

était installé dans la mosquée, qui lui servait de cabinet et de salle à manger ; il avait fait sa chambre à coucher de la chapelle où était le tombeau du santon. Le général Després avait placé ses bureaux dans le fournil, le général Tolozé s'était emparé d'une espèce de grange, et M. Frosté, intendant du quartier-général, s'était installé dans un hangard couvert en chaume, qui servait, je crois, de bergerie aux deux ou trois chèvres du marabout ; les aides-de-camp et les officiers d'ordonnance bivouaquèrent dans les cours, et dans quelques cellules qui servaient de logement aux pélerins ; je fus assez heureux pour trouver une petite place dans une casemate en forme de caveau, située au rez-de-chaussée de la tour. Nous étions six dans un espace de douze pieds carrés ; de ce nombre étaient M. Chauvin, secrétaire, comme moi, du général en chef, l'abbé Issachar, interprète, et M. Brassewichts, brave et digne homme dont j'aurai occasion de reparler. Les officiers d'état-major établirent leur cuisine et leur bivouac dans une espèce de corps-de-garde turc, en plein vent ; tout était joie ce jour-là ; jamais soirée ne fut aussi belle ; plus de trois mille feux de bivouac éclairaient la presqu'île, et s'étendaient à près d'une lieue, où la première division avait ses avant-postes : partout de la gaieté et de l'enthousiasme ; le débarquement avait réussi, l'armée semblait n'avoir plus rien à redouter, le succès de la campagne ne paraissait plus douteux pour personne. L'impatience du soldat français est inconcevable ; jamais nuit ne lui parut plus longue que celle du 14 au 15. Nos tirailleurs étaient avides de revoir des Bédouins ; ils soupiraient après l'aurore, qui allait les leur montrer sur la crête des coteaux, se dessinant en longues lignes blanches sur le vert des broussailles.

Le 15, à la pointe du jour, un feu de tirailleurs s'engagea sur toute la ligne d'avant-postes ; des masses d'Arabes arrivaient de tous les côtés ; les hauteurs de Staoueli en étaient couronnées ; mais on remarquait que la plus grande partie se tenaient à une longue distance ; les tribus les plus hardies venaient seules s'éparpiller dans les taillis, et tirailler avec nos soldats. Nous commençâmes à nous apercevoir de l'avantage que les Bédouins auraient sur nous dans des combats de ce genre. Ils sont armés de fusils d'une longueur prodigieuse (il y en a qui ont près de sept pieds); ces fusils portent très-loin et très-juste, malgré la mauvaise qualité de leur poudre ; ils savent s'abriter avec beaucoup d'adresse, et tirer le meilleur parti possible des hautes broussailles, au milieu desquelles ils se cachent avec grand soin ; ils ajustent longuement et sans danger, et se sauvent à toute bride quand ils ont tiré leur coup, pour aller recharger hors de portée. Nos soldats au contraire tirent découverts et souvent de très-près ; ils se présentent franchement aux coups de l'ennemi; leurs officiers n'ont jamais pu les déterminer à profiter des accidens du terrain pour s'abriter; la vivacité de leur courage les rend étrangers à toute espèce de calcul pour leur sûreté; je suis convaincu que la moitié de notre perte peut être attribuée à ce défaut de prévoyance et de précautions. L'expérience n'a été d'aucun secours, et les ordres les plus sévères et le plus souvent réitérés, n'ont jamais pu modérer cette ardeur et cette bravoure entraînante, qui ne se sont pas démenties un seul instant pendant toute la campagne.

Dans la matinée, on découvrit dans un ravin peu éloigné de l'extrême droite de la division, les corps de trois soldats et d'un officier, à qui les Bédouins avaient coupé la tête; ces malheureux s'étaient éloignés de leur compagnie pour aller chercher de l'eau fraîche dans un ruisseau que le capitaine Chapelié était allé reconnaître quelques momens avant, en bravant les plus grands dangers; ils furent surpris par un groupe d'Arabes, qui les assassinèrent sans qu'on eût le temps de courir à leur secours. L'officier qui périt si malheureusement s'appelait Astruc; il était, je crois, lieutenant au 20ᵉ de ligne.

A midi le combat avait cessé; les ennemis s'étaient retirés fort loin en avant de nos lignes; nous n'avions ni la volonté ni les moyens de les poursuivre; quelques obus adroitement et heureusement tirés, les mirent en fuite dans le plus grand désordre. Le reste de la journée fut tranquille; j'allai visiter la batterie enlevée la veille à l'ennemi, et le mamelon sur lequel M. de Bourmont faillit être emporté par un boulet, au moment où il venait de débarquer, et d'où il dirigeait les mouvemens. Il n'était question que d'un volume dépareillé d'Horace, de quelques feuillets d'un roman français, d'un fragment d'ode à l'empereur, et d'un rapporteur en corne trouvés dans la batterie turque. Cette découverte *ne laissait aucun doute* que des Français ne fussent au service de la Régence; tout le monde le crut, et les preuves de conviction furent portées avec empressement au quartier-général. Je les vis entre les mains d'Aimé de Bourmont, et je restai persuadé, comme tout le monde, que nous avions des compatriotes à combattre. Je fus cependant bientôt détrompé, quand j'appris que le rapporteur appartenait à l'étui de mathématiques de M. Roset, lieutenant au corps des ingénieurs-géographes; il avait perdu cet instrument la veille, en allant visiter la batterie, qui avait été occupée toute la nuit par nos soldats, ce qui explique comment on trouva le lendemain les feuillets de l'Horace, du roman, et de l'ode à l'Empereur, qui avaient servi très-probablement à charmer les ennuis du bivouac, ou à allumer la pipe de quelque troupier.

Le 16, le soleil s'était levé, comme à l'ordinaire, à travers de gros nuages, qui se détachaient sur un ciel pur, par masses énormes ; leurs bords, d'un éclat plus vif que celui de l'argent le mieux bruni, ressortaient sur un fond d'un gris de tempête; l'atmosphère était lourde et étouffante, tout annonçait un orage d'Afrique. J'étais descendu vers la plage, pour y chercher un peu de fraîcheur; une inquiétude vague y régnait ; les marins étaient soucieux, et tournaient tristement leurs regards vers le ciel. Cependant le débarquement du matériel continuait toujours ; un grand nombre de chalans étaient dirigés vers la plage, et les matelots qui les remorquaient forçaient de rames pour arriver le plus tôt possible; ils semblaient craindre quelque désastre. Les officiers les plus prudens assuraient leurs ancres, doublaient leurs amarres, et dépassaient leurs perroquets pour soulager leur mâture; il régnait de toutes parts un silence effrayant; il semblait que tous les cœurs étaient comprimés par la crainte d'un évènement fatal, contre lequel le courage même était inutile : nous ignorions ce qui nous menaçait; mais nous avions le pressentiment d'un danger imminent.

Vers neuf heures, nous sentîmes quelques gouttes de pluie; elles étaient rares et grosses, et laissaient en tombant de larges traces sur un sable brûlant. Quelques coups de tonnerre vinrent briser des masses de nuages noirs, qui en se développant couvrirent le ciel. Une brise de nord-ouest serrée et bruyante vint à souffler, et la mer, si calme et si unie quelques minutes auparavant, commença à se rider et à blanchir; en moins d'une demi-heure elle devint horrible; les vagues venaient se briser avec un fracas épouvantable sur les dunes; la lame submergeait, en passant, les

chaloupes, les canots, les chalans, et les petits bateaux qui bordaient le rivage. Les bateaux-bœufs et tous les bâtimens de transport étaient sans cesse tourmentés par un roulis des plus violens; le péril devenait à chaque instant plus effrayant; les cris de terreur des marins n'annonçaient que trop les malheurs qui se préparaient: la moitié de la flotte courait le risque d'être jetée à la côte, et l'autre moitié pouvait être forcée de filer ses cables, et d'appareiller dans le plus grand désordre; déjà plusieurs bâtimens *dérapaient*, et *la Vigogne* ayant chassé sur ses ancres, talonait sur les rochers à chaque coup de mer, et tirait sans relâche des coups de canon de détresse : la terreur et le désespoir étaient dans toute l'escadre; je reconnus la vérité de l'expression de Salluste, sur cette côte dangereuse : *Mare sævum, importuosum*. Nos troupes, encore sans abri contre des torrens de pluie, regardaient avec douleur ce triste spectacle, et ce combat des élémens qui pouvait amener la destruction totale de nos approvisionnemens, de nos munitions, de tout notre matériel, et nous laisser sur une plage inculte, livrés sans défense, et sans espoir de secours, à la fureur de nombreux ennemis : ce qui complétait l'horreur de cette scène de désolation, c'était la vue de bandes de Bédouins qui parcouraient dans le lointain la plage pour saisir le moment où quelque vaisseau ferait naufrage, afin d'en piller les débris et de massacrer les équipages.

Le cœur navré du tableau que j'avais devant les yeux, je remontai vers le quartier-général; j'y trouvai tout le monde dans la consternation, quelques officiers même étaient frappés de stupeur. M. de Bourmont était celui qui conservait le plus de calme; il y avait quelque chose de rassurant ou de résigné dans sa physionomie; certes, on ne se serait pas douté que c'était sur lui que pesait toute la responsabilité. M. de Bourmont a un courage froid et noble, qui ne laisse jamais aux émotions les plus fortes le pouvoir d'altérer ses traits. Dans l'attitude de la réflexion, les yeux fixés sur la plage, il tournait la paume de sa main droite sur le couvercle de sa tabatière, occupé sans doute des moyens à prendre pour remédier à un désastre que toute la prudence humaine ne pouvait empêcher; je ne lui ai entendu dire, au plus fort de la tempête, que ces seuls mots, qui étaient plutôt un désir qu'une conviction : *Il me semble que le vent fléchit!*

Le général Tolosé était vivement agité; ce n'était certes pas par la peur, car c'est à coup sûr de tous les sentimens celui qui lui est le plus étranger (1). Il ne cessait de cou-

---

(1) La réputation du général Tolozé est faite depuis longtemps, et comme officier et comme homme de cœur. Il regrettait vivement, le 13, jour où nous mouillâmes dans la baie de Sidi-Ferruch, qu'on n'eût pas profité du beau temps pour débarquer le même jour; il proposa au général en chef de le faire mettre à terre avec une brigade et cinq jours de vivres, et il ajouta : *L'armée débarquera ensuite quand elle*

rir de la terrasse à un endroit du mamelon d'où il pouvait apercevoir au haut de la tour, le pavillon fouetté par le vent avec tant de violence, qu'en moins d'une heure, l'extrémité opposée à la hampe avait été déchirée en lambeaux; il répétait souvent avec l'accent de la douleur : *C'est un désastre! le vent ne change pas!* Le général Després était consterné; son habit était trempé; et de la large visière de sa caquette, l'eau retombait en nappe; les bras derrière le dos, et le sourcil froncé, il disait à chaque instant en poussant de gros soupirs de poitrine : *Ce sera le second tome de l'expédition de Charles-Quint!* En effet, tout annonçait une catastrophe, le vent se soutenait dans toute sa violence, la mer semblait augmenter de fureur; au bruit du tonnerre se mêlaient les cris de désespoir des marins qui, sur la plage, séparés de leurs équipages, dispu-

---

pourra; mais je réponds que je resterai maître de la côte, et que vingt mille Bédouins ne m'en débusqueront pas.

taient aux vagues les débris de leurs embarcations (1).

J'avais constamment les yeux fixés sur le pavillon, dont la direction ne changeait pas; la position devenait de plus en plus critique. Enfin, vers midi, le vent passa subitement à l'est, et, en moins de quelques minutes, tomba totalement. Je courus annoncer cette heureuse nouvelle à M. de Bourmont; je m'aperçus que je le soulageais d'un grand poids : il sortit pour s'en assurer; la pluie avait même cessé; et comme par enchantement, nous vîmes la mer diminuer à vue d'œil; en moins de deux heures elle redevint calme, le soleil reparut, et tout reprit dans le camp l'aspect le plus riant et le plus animé. Dans l'après-midi, on continua les travaux du

---

(1) J'avais écrit ces lignes, quand j'ai vu au salon le beau tableau de Gudin, qui représente le coup de vent du 16. Sa vue m'a rappelé toutes mes impressions de Sidi-Ferruch. Ceux qui voudront se faire une idée de cette scène d'horreur, la retrouveront dans toute sa vérité dans la belle page de notre premier peintre de marines (n° 2577 du livret).

débarquement. Les marins semblaient avoir oublié le danger qu'ils venaient de courir, et les soldats ne parurent pas même s'en douter; ils séchèrent gaiement leurs habits, relevèrent leur cuisine, fourbirent leurs armes; et cette tempête, qui pouvait entraîner la destruction totale de l'armée, ne fut pour eux qu'une averse.

———

Il y avait à peine deux jours que nous étions débarqués, et déjà la presqu'île de Sidi-Ferruch était un vaste camp plein de vie et de mouvement. Le génie s'en était emparé (1), et l'industrie militaire s'y montrait

(1) En moins de trois jours, le génie mit la presqu'île en état de défense, au moyen d'une ligne retranchée de plus de mille mètres de développement; une large et belle route pour le service des convois et de l'artillerie fut tracée à travers les taillis, sur une longueur de quatre mille mètres, et plus tard elle fut prolongée sur une distance de seize mille. (*Voir* le rapport du général Valazé, *Moniteur* du 30 août 1830, et aux pièces justificatives, n° I.)

avec toutes les ressources de son activité. Les taillis touffus de cytises, de lentisques et de lauriers-rose, disparaissaient pour faire place à des groupes de tentes et de barraques. L'administration s'organisait avec une ardeur sans égale; les hôpitaux, les appareils de boulangerie, les fours, les parcs de bestiaux, les magasins de vivres, les équipages du train, les poudrières, les abreuvoirs, les magasins de campement, en un mot, tous les élémens d'une civilisation improvisée, se trouvaient comme par enchantement sur cette plage africaine, dont la solitude n'avait été troublée depuis tant d'années que par le mugissement des chameaux du pélerin qui venait visiter le tombeau du santon.

Dès que les effets de campement furent débarqués, Sidi-Ferruch prit l'aspect d'une ville qui avait ses quartiers, ses places, ses rues et ses monumens. Le soir, surtout, le coup-d'œil était admirable; des milliers de feux éclairaient la presqu'île, et donnaient au camp l'éclat d'un jour de réjouissance publique; la gaieté française est la plus bruyante de l'Europe; on riait et on chantait depuis les avant-postes jusqu'au quartier-général; les distributions étaient abondantes, et les vins de France et d'Espagne était bons et pas chers, le soldat était aussi bien nourri que l'officier. Deux jours après notre débarquement, nous mangions de la viande et du pain frais; les marmites des régimens exhalaient une excellente odeur de bouillon; les cantinières avaient déjà établi leur service sous des berceaux de feuillage; on pouvait se croire à une des jolies fêtes foraines des environs de Paris. Si les soldats avaient leurs guinguettes, les officiers avaient leurs restaurateurs. Un nommé *Hennequin* avait chargé à Nantes un brick des comestibles les plus recherchés, et des vins les mieux choisis. Une salle à manger, formée d'une voile de misaine jetée sur trois vergues, offrait aux amateurs des terrines de

Nérac et d'Angoulême, des pâtés de Strasbourg, de Chartres et d'Amiens; la truffe du Périgord y foisonnait ni plus ni moins qu'à un dîner ministériel; l'Aï, le Médoc, le Chambertin y coulaient à pleins bords; les officiers y venaient entre deux combats, boire à la santé du roi et à la gloire des armes de la France ; on se racontait les exploits de la journée, on y amenait les blessés pour les distraire. J'en ai vu qui, ne voulant pas entrer à l'hôpital, de peur d'être éloignés trop long-temps du champ de bataille, venaient chez Hennequin panser leurs blessures avec leur mouchoir imbibé de rum, et retournaient, le bras en écharpe, aux avant-postes, après avoir bu quelques rasades de Champagne. Le soir, aux feux rouges du bivouac se mêlaient les petites flammes bleues du punch ; on oubliait la chaleur étouffante de la journée, en jouissant de la fraîcheur des belles nuits d'Afrique ; on combattait l'humidité du serein avec des toniques ; on allait se jeter ensuite sur le lit de la tente, jusqu'au moment où les premiers coups de fusil des Bédouins appelaient tout le monde aux avant-postes. Au lever du soleil, tous ces jeunes volontaires qui avaient obtenu la faveur de suivre l'expédition, se rendaient au milieu des tirailleurs, faisaient le coup de fusil pendant quelques heures, et revenaient au quartier-général déjeuner chez le *pourvoyeur de Nantes :* la tente ne désemplissait pas : entassés pêle-mêle, officiers de tout grade et de toute arme venaient prendre part au banquet; assis sur des caisses, à califourchon sur des barriques, debout ou alongé sur le sable, on y était aussi gai qu'au café de Chartres ou au café de Paris; le brave et joyeux comte de Montalembert y faisait à tous ses camarades les honneurs du

(1) Dans ce nombre, on remarquait le jeune Béthisy, mort, à son retour à Paris, des fatigues de la campagne; MM. de Noailles, de Biancourt, de Maillé, de Talleyrand, et le robuste et intrépide Gauthier de Villiers, qui allait à la chasse aux Bédouins avec un fusil de rempart.

buffet et de la cave d'Hennequin ; rarement il revenait des avant-postes sans ramener quelques amis, qui l'aidaient à expédier une demi-douzaine de bouteilles de blanquette de Limoux, en se préparant à une nouvelle partie d'avant-postes, pour l'après-midi : une lieue à peine séparait le lieu où se buvait le Champagne, de celui où l'on se tirait des coups de fusil.

Au marabout de Sidi-Ferruch, on vivait moins bien ; la table de M. de Bourmont était servie avec moins de luxe ; le général en chef y admettait un grand nombre d'officiers, mais on y était à l'ordinaire de l'armée ; le bœuf de la ration et le lard du soldat, quelques tranches de saucissons de Provence, et le morceau de fromage arrosé d'une bouteille de Bordeaux sortie des cantines ; quelquefois, mais rarement, une bonite ou une dorade, pêchée dans la baie par quelque matelot inoccupé, qui venait en faire hommage à la cuisine de l'état-major :

tout cela offert assez somptueusement dans un beau service de campagne, mais avec franchise et bonté. Je ne dois pas oublier le bon Moka qui terminait le dîner, et qu'on venait prendre sur la terrasse du marabout, en raisonnant, lunette en main, sur ce formidable camp de Staoueli, qui quelques jours après devait tomber en notre pouvoir.

Le marabout de Sidi-Ferruch a joué un trop grand rôle dans l'expédition, pour que je ne consigne pas ici tout ce que je retrouve dans mes notes et dans mes souvenirs, sur un monument entouré du respect religieux de toutes les tribus d'Arabes du nord de l'Afrique. Le santon *Ferruch* ou *Ferrudg,* vivait, à ce qu'on croit, dans le commencement du dix-septième siècle, vers l'époque à peu près où Alger commença à être gouverné par des chefs ou deys de son choix. Après avoir fait trois fois le pélerinage de la Mecque, Ferruch vint s'établir sur le promontoire de la presqu'île, où avait fait naufrage la caravelle qui le ramenait à Oran : il fut sauvé, dit-on, par la main même d'Aly, qui le préserva seul de la mort, entre tous les hommes et les passagers de l'équipage. Dès que la nouvelle de ce salut miraculeux se fut répandue parmi les tribus du pays, on vint de toutes parts voir le protégé du prophète; Ferruch montrait la place où l'envoyé de Mahomet était venu le prendre au milieu des flots, et le rocher sur lequel il l'avait déposé sain et sauf. Le dey voulut voir le saint derviche, qui refusa obstinément de se rendre à Alger, et qui obligea le pacha à venir dans le modeste ermitage qu'il avait établi au pied de la vieille tour, bâtie sur la côte après l'expédition de Charles-Quint. Cette visite augmenta encore le crédit et la réputation du santon; et le bruit se répandit dans le pays, que ses prières étaient un remède efficace contre la stérilité des femmes; elles venaient les implorer, en apportant au saint homme de riches offrandes, qui servirent, après sa mort, arrivée, selon la tradition du pays, quelques années après l'expédition de Duquesne, à élever une mosquée à la place même où il avait vécu. C'est celle qui existe aujourd'hui, et qui forme la partie la plus importante du monument (1). Elle est bâtie au pied de la tour de Torre-Chica, et adossée au côté oriental de l'édifice. Elle se compose de quatre parties : un petit porche qui sert d'entrée, une première chapelle surmontée de deux petits dômes, une autre chapelle élevée de trois marches et couronnée par un seul dôme de forme mauresque, et un petit sanctuaire carré qui contient quelques reliques. Le tombeau du santon est placé au milieu : c'est un mausolée modeste, sans ornemens, recouvert d'une pierre tumulaire à la manière des musulmans, sur laquelle sont

(1) *Voir* le plan de Torre-Chica.

gravés quelques versets du Koran; le tout est entouré d'une petite balustrade de roseaux assez artistement rangés. Autour du tombeau étaient déposés quelques vases de cristal à dessins d'or, contenant des parfums de jasmin et de fleurs d'oranges (1). Les murs de la chapelle étaient couverts d'une grande quantité de fichus, de mouchoirs et de morceaux d'étoffes, de tissus de soie, de coton, et de brocard d'or et d'argent. C'était, à ce qu'on m'a assuré, les *ex voto* des fidèles dont les prières avaient été exaucées : cette mosquée, devenue célèbre, prit le nom du *marabout de Sidi-Ferruch*.

Bientôt après la mort du saint derviche, vint s'établir auprès de la mosquée un autre santon, qui se consacra à son culte; il le

(1) Gudin fut un des premiers qui entrèrent dans la mosquée de Sidi-Ferruch; il y prit quelques-uns de ces vases, et un très-bel exemplaire du Koran, qui s'y trouvait oublié. Il vint déjeuner, dans la matinée du 14, à bord de *la Didon*, où j'étais encore, et nous montra ces premiers trophées de la campagne d'Afrique.

desservit, et reçut les fidèles qui venaient visiter le tombeau et y faire leurs prières (1). La haute réputation du lieu y attirait un grand nombre de pélerins ; et les aumônes devinrent si abondantes, qu'en peu de temps le successeur du santon Ferruch put ajouter de nouvelles dépendances à son établissement. L'ermitage prit bientôt tous les accroissemens d'une petite ferme : on y construisit un logement commode, quelques cellules pour les pélerins, et de vastes hangars pour leurs chevaux et leurs chameaux ; une cour en forme de terrasse, abritée du vent du Nord, domine la presqu'île, et offre le beau

(1) Ce lieu était en si grande vénération dans le pays, qu'il était expressément défendu à un Européen de s'en approcher : un poste de janissaires en protégeait la garde. Shaler, dans sa promenade à l'embouchure du Massafran, n'a pas pu visiter le marabout, qu'il n'a vu que de loin. Boutin, lui-même, n'a pas pénétré dans la presqu'île, et ne l'a indiquée sur sa carte que par aperçu et d'une manière très-inexacte. Le plan que j'en donne à la fin de cet ouvrage, a été copié sur un croquis du commandant Filhon, chef des ingénieurs géographes de l'expédition.

coup-d'œil des deux baies, de la campagne, depuis l'embouchure du Massafran jusqu'aux hauteurs de Boujareha; la vue va se perdre à l'horizon sur la belle chaîne du petit Atlas. Quelques arpens de terre clos par des haies de raquettes et d'aloës, cultivés et plantés d'arbres fruitiers, entourent cette solitude, où la vie doit s'écouler sans soucis, dans une agréable quiétude et toutes les douceurs de l'aisance, si j'en juge par l'heureux embonpoint du santon qui jouit aujourd'hui de cette espèce de canonicat. J'eus occasion de le voir à Alger, quand il vint solliciter du maréchal la faveur d'aller reprendre possession de son petit domaine : c'est un gros garçon dans la force de l'âge, qui *a l'oreille rouge et le teint bien fleuri,* et cette apparence brillante de santé qui distinguait autrefois les prieurs de nos riches couvens de moines. Il retourna fort content à son ermitage, promettant bien à M. de Bourmont d'avoir autant de soin du petit monument qu'on avait fait élever, sur le bord de la mer, à la mémoire des braves tués pendant la campagne, que du tombeau du saint marabout.

Depuis le 14, on se battait chaque jour. L'attaque commençait avec le lever du soleil : elle durait, vive et soutenue, toute la matinée ; après quoi, le reste de la journée se passait ordinairement en petites escarmouches d'avant-postes. On lançait quelques obus au milieu des groupes de Bédouins, on brûlait quelques centaines de cartouches ; et, le soir, on était ordinairement tranquille. Notre matériel de siége, qui n'arrivait pas, nous empêchait de prendre l'offensive. M. de Bourmont laissait souvent apercevoir l'humeur qu'il en éprouvait, et qui était augmentée encore par l'impatience que témoignait l'armée, d'être réduite à une misérable guerre de tirailleurs, qui nous coûtait chaque jour une centaine d'hommes mis hors de combat. Ce qui ajoutait beaucoup à la contrariété que nous éprouvions, c'est que nous n'avions pas encore eu la satisfaction de voir amener un seul prisonnier au camp ; pas un seul mort, un seul blessé, n'avait été relevé sur le terrain. Tout le monde avait peine à s'expliquer comment des combats journaliers, qui duraient quatre ou cinq heures, ne laissaient aucune trace sur le champ de bataille. J'ai souvent questionné des soldats et des officiers qui avaient vu les Bédouins de près ; ils s'accordaient tous à dire que, dès qu'un des leurs tombait mort ou blessé, deux de ses camarades s'emparaient de lui, au moyen d'un fort crochet de bois attaché à une corde ; ils l'enlevaient en le traînant après eux de toute la vîtesse de leurs chevaux. C'était moins la barbarie d'un pareil usage que la difficulté de l'exécution que nous avions peine à concevoir ; et, tout invraisemblables que nous paraissaient ces récits, nous étions bien forcés d'y ajouter foi, puisque seuls ils pouvaient expliquer les singuliers résultats de ces affaires de tirailleurs. Le 18 (1), dans l'après-midi, je causais sur la terrasse du quartier-général avec M. de Bourmont, quand nous vîmes arriver au grand galop un officier de l'état-major de la division Berthezène, qui vint annoncer au général en chef qu'on amenait au camp un Bédouin prisonnier. Cette nouvelle excita un délire universel ; nous vîmes effectivement, au même instant, une foule immense de soldats, de marins et d'ouvriers se porter hors de l'enceinte du camp au-devant du prisonnier : c'était une joie frénétique. M. de Bourmont m'ordonna d'aller au-devant du détachement qui conduisait le Bédouin, pour dire

---

(1) Gudin, dans son beau tableau du coup de vent du 16, a placé sur le premier plan l'arrivée du Bédouin prisonnier ; c'est par une simple convenance d'artiste : ce petit incident n'eut lieu que le 18.

à l'officier de ne pas l'amener au quartier-général ; il ne se souciait pas que cet Arabe s'aperçût que la mosquée était convertie en salle à manger, et que le général en chef avait son lit placé à côté du tombeau du santon. J'eus toutes les peines du monde à arriver jusqu'au détachement ; la foule grossissait à chaque pas : il y avait plus de six mille hommes qui entouraient le Bédouin. La joie était devenue de la fureur ; et sans la protection à laquelle il avait droit, on eût incontestablement vengé sur lui plusieurs des nôtres inhumainement égorgés. A cinq ou six cents pas du quartier-général, un coup de rappel fit arrêter la foule, et je pus faire conduire le prisonnier dans la tente du général Lahitte. M. de Bourmont, le général Després et le général Tolozé s'y rendirent, suivis du seul interprète qu'on put rencontrer ; car plusieurs de ces messieurs, plus savans sur la théorie des idiomes arabes que sur la pratique, évitaient avec soin de compromettre leur science. Ce fut, je crois, le colonel Abahibi, ancien mameluck, qui fut chargé de l'interroger.

L'Arabe prisonnier était un vieillard de la tribu des Biscarres ; il était grand et fortement constitué, quoique maigre. Ses traits avaient de la noblesse, et aucune crainte ne paraissait l'agiter. Il était drapé avec aisance dans son *bournous*, et avait dans sa main une pipe de bois de palmier au bout d'un long tuyau de jasmin. En arrivant au milieu de cette foule d'habits brodés, il ne parut pas étonné ; il s'inclina très-légèrement, s'accroupit par terre, les jambes croisées à la manière des Orientaux, et fit signe qu'on lui donnât du tabac, en disant : *Sta fer Alla*, qu'on nous dit signifier *Dieu me garde*. On lui fit subir un interrogatoire, auquel il ne répondit, soit qu'il comprît ou non ce qu'on lui demandait, que par quelques exclamations mystiques, et s'occupa, en fumant, à compter les grains d'un gros chapelet. Ce qu'on put en tirer de plus positif, c'est qu'il n'avait pas été fait prisonnier, et qu'il s'était présenté volontairement aux avant-postes, parce qu'il était curieux de voir des Français. Du reste, il dédaigna de répondre à tout ce qu'on lui demanda, relativement aux forces de l'armée du dey et aux contingens des différens beys. Il levait les yeux vers le ciel, qu'il indiquait avec le doigt, élevant le bras droit au-dessus de sa tête, en disant : *Alla illa Mehemet rosoul Alla* (Dieu est Dieu, et Mahomet est son prophète), phrase proverbiale et d'un usage habituel chez les musulmans. Il nous fut aisé de nous convaincre qu'on n'en tirerait aucun renseignement. M. de Bourmont donna l'ordre qu'on lui servît du café; il en prit avec plaisir deux ou trois tasses coup sur coup, mais sans paraître reconnaissant de cette attention. Après l'avoir vainement questionné, pendant une heure, d'une manière assez oiseuse, on le fit conduire dans une tente sur le bord de la mer, où il reçut de nombreux visiteurs, dont quatre factionnaires eurent grand' peine à modérer l'empressement. Le lendemain matin, on le reconduisit aux avant-postes, sa besace pleine de vivres et de proclamations en langue arabe. M. de Bourmont lui fit même donner de l'argent. Ce malheureux paya cher sa curiosité : à peine se fut-il éloigné de quelques centaines de pas de nos lignes, qu'un groupe de Bédouins, sur l'ordre d'un janissaire, se jeta sur lui; il fut dépouillé et massacré au même instant. Les Arabes ne voulurent plus voir en lui qu'un espion de l'armée française; ils déchirèrent, sans les lire, les proclamations qu'on trouva sur lui, et qui, selon toute apparence, furent la cause de sa mort.

Depuis notre débarquement, le camp arabe, que nous apercevions en face de nous, à deux lieues environ sur les hauteurs qui bornaient l'horizon, prenait chaque jour de nouveaux développemens ; de longues lignes de tentes blanches couronnaient les mamelons les plus élevés, et nous distinguions aisément, avec nos lunettes, des masses considérables de cavalerie qui arrivaient de tous côtés : il était aisé de deviner que c'étaient les contingens des beys qui venaient grossir l'armée du dey. Le 17 au soir, nous vîmes flotter très-distinctement sur une des tentes les plus élevées l'étendard rouge, jaune et vert de l'aga. Le 18, toute la journée, nous remarquâmes des tourbillons de poussière qui nous annonçaient l'arrivée de nouvelles troupes.

On voyait au loin la campagne couverte de Bédouins ; aucun de leurs mouvemens ne nous échappait : tout nous indiquait une attaque très-prochaine. M. de Bourmont et les officiers-généraux de son armée évaluaient à quarante mille hommes les forces que nous avions à combattre (1). Nos soldats étaient pleins d'ardeur; ils ne demandaient qu'à courir sur l'ennemi; mais le général en chef savait que nous manquions de matériel pour une affaire générale, que nous n'avions que quelques batteries de montagnes, et les canons mal montés enlevés aux Turcs dans la journée du 14. Nous commencions à éprouver les fâcheux résultats des mauvaises dispositions prises par l'amiral, pour les départs des convois; la 4ᵉ division de nos transports était encore à Palma à attendre des ordres et du vent.

Le 19, avant le point du jour, on tiraillait sur la première ligne d'avant-postes; nous étions habitués à ces attaques journa-

---

(1) M. de Bourmont, à qui je faisais observer, le soir, des masses de troupes qui arrivaient de toutes parts, me disait avec un air de satisfaction : « Je suis enchanté de les voir « arriver; nous les battrons tous à la fois. Ils seraient trois « fois aussi nombreux, qu'avec l'armée que je commande, « je n'aurais pas le moindre doute sur le succès de la ba- « taille. »

lières, et nous étions loin de nous attendre à une affaire décisive, malgré le mouvement que nous apercevions depuis plusieurs jours à Staoueli. Cependant, les feux devinrent si soutenus et si nourris, l'engagement était si général sur toute la ligne, et le canon jouait un si grand rôle dans cette attaque, que nous ne pûmes plus douter que l'affaire ne fût des plus sérieuses. Un aide-de-camp du général Berthezène vint, sur les six heures du matin, annoncer au général en chef que les Turcs, sortant de leurs retranchemens, se portaient en masse contre nos deux divisions. Le premier choc fut terrible : ce n'étaient plus les attaques de broussailles des Bédouins; nous avions affaire aux milices turques, avec toute leur haine fanatique et leur bravoure de fatalisme. Leur impétuosité n'effraya pas nos jeunes soldats, mais elle les étonna quelques instans; le 20ᵉ de ligne fut surtout attaqué avec tant de furie, qu'il y eut un moment de désordre. Le brave colonel Horric s'élança au plus fort de la mêlée, l'épée à la main, en criant : *Au drapeau!* et aussitôt les Turcs furent repoussés sur ce point.

Le général en chef se porta, vers huit heures, sur la ligne d'attaque, suivi de son chef d'état-major, du général Tolozé, de ses aides-de-camp et de quelques officiers d'ordonnance. En arrivant, il ordonna des mouvemens si précis et si bien calculés, et une charge à la baïonnette exécutée avec tant d'audace et de bonheur, qu'à dix heures la bataille était complètement gagnée. Les Turcs étaient précipités dans les ravins, et les Bédouins épouvantés fuyaient de toutes parts. Les formidables batteries élevées en avant du camp de Staoueli avaient été enlevées, malgré les efforts inouis et les prodiges de valeur des janissaires, qui venaient se faire tuer sur le revêtement du fossé avec une audace héroïque.

Les dépêches du général en chef ont assez

fait connaître les détails militaires de cette brillante journée; ce qui est moins connu, c'est l'aspect nouveau qu'elle fit prendre à l'expédition. Les riches dépouilles du camp ennemi, tombées au pouvoir de nos soldats, opérèrent une sorte de révolution dans leur moral; ils commencèrent à se faire une idée du luxe et des mœurs de l'Orient : ces nombreux troupeaux de chameaux chargés de butin; ces tentes magnifiques des beys et de l'aga, enrichies de dessins arabesques appliqués sur des tissus de laine de la plus grande beauté; ces armes de prix, qui couvraient le champ de bataille; ces beaux tapis de Smyrne, jetés avec tant de profusion dans tout le camp; ces brillans uniformes turcs, surchargés d'or et de pierreries, tout était, ce jour-là, un objet d'enthousiasme et d'admiration. On se croyait acteur dans un des merveilleux contes des *Mille et une Nuits*; et, dès ce moment, la conquête d'Alger s'offrit à toutes les imaginations sous les couleurs les plus brillantes. On ne rêvait plus que trésors, que harems et que palais. Dès le soir même, on amena au camp de Sidi-Ferruch une partie du butin : ce fut presque une entrée triomphale que celle de nos détachemens conduisant une centaine de chameaux portant, à la manière du pays, d'énormes paniers en sparterie, remplis de vivres et de munitions. D'autres étaient chargés des immenses marmites des janissaires; ils étaient suivis et précédés d'une grande quantité de bœufs et de moutons. Les chants de victoire et les cris de joie de l'armée se mêlaient aux mugissemens rauques et plaintifs de ces pauvres animaux, qui semblaient effrayés de ne plus entendre la voix de leurs conducteurs, et de ne plus voir devant eux le *bournous* blanc du Bédouin.

A midi, la bataille était gagnée, le camp était en notre pouvoir: le reste de la journée fut employé à poursuivre l'ennemi, qui fuyait dans toutes les directions, sur la route de Sidi-Kalef. Il fallut donner l'ordre de cesser le combat ; l'ardeur était telle, que nos avant-postes seraient peut-être entrés dans Alger en même temps que les fuyards (1); mais ici nous éprouvâmes encore le terrible désavantage d'être privés de notre artillerie de siége ; l'armée ne pouvait pas se présenter sans défense sous les remparts du fort de l'Empereur; les canons qui devaient les faire tomber étaient encore dans la rade de Palma !

Le soir se passa en fêtes et en joie. M. de Bourmont, à son retour au quartier-général, avait voulu s'assurer si tout avait été prévu pour qu'aucun secours ne manquât à ses soldats ; il visita avec la plus scrupuleuse atten-

(1) Tout nous a donné lieu de croire qu'à cette époque, aucun moyen de défense n'avait été préparé par les Algériens; que les redoutes de Sidi-Kalef n'ont été faites qu'après l'affaire du 19, et que le fort de l'Empereur n'a été armé que depuis cette affaire. Ainsi, dans la journée même de Staoueli, Alger aurait pu être enlevé sans coup férir, et la campagne terminée en cinq jours, si l'amiral n'eût pas jugé convenable de morceler nos convois.

tion chacune des salles des hôpitaux, et ne se retira que lorsque tous les blessés eurent été pansés. Il prodigua des consolations à tous ses braves compagnons d'armes qui avaient payé de leur sang cette belle victoire, et leur dit qu'il ne les quittait que pour aller adresser au roi la demande des récompenses qu'ils avaient si noblement méritées : nous verrons plus tard comment on trouva moyen de marchander la gloire de nos soldats, et d'opérer dans les antichambres de Saint-Cloud des réductions sur les promesses faites sur le champ de bataille de Staoueli.

Le général en chef trouva, à son retour, la terrasse de Torre-Chica encombrée d'officiers de terre et de mer qui étaient venus pour le féliciter; la salle à manger de la mosquée eut peine à contenir tous ceux qui vinrent s'asseoir à la table de M. de Bourmont; depuis la soupe jusqu'au dessert, l'enthousiasme ne se ralentit pas un seul instant; ses amis étaient ceux qui parlaient le moins haut; les autres étaient dans l'ivresse de l'admiration. Le parallèle entre l'expédition d'Afrique et la campagne d'Egypte, fut jeté à travers la conversation; la bataille d'*Aboukir*, celle des *Pyramides*, celle d'*Héliopolis*, furent comparées à celle de *Staoueli*, et la comparaison ne fut pas à l'avantage de Buonaparte. Je dois dire que M. de Bourmont reçut toutes ces courtisanneries de fort mauvaise grâce, et qu'il voulut y mettre fin, en allant prendre le café sur la terrasse. Au reste, j'ai appris depuis, sans en être étonné, que tous ces admirateurs de circonstance ont été les premiers à abandonner les antichambres de la Cassauba, quand la nouvelle des évènemens de juillet fut connue à Alger.

M. de Bourmont, qui paraissait suffoqué par le lourd encens dont on l'enfumait depuis une heure, vint vers moi pour me donner quelques ordres. Je saisis ce moment pour le féliciter sur ses succès de la journée, et je lui dis : *Monseigneur, j'entends faire autour de vous une telle consommation de victoires africaines, en votre honneur, que j'ai beau chercher dans ma mémoire, je n'en trouve plus une seule à vous offrir, depuis Metellus jusqu'à Buonaparte.* Il sourit malignement, et nous parlâmes d'autre chose.

La matinée du 20 a été la seule, depuis notre débarquement, où nous n'ayons pas été réveillés par le canon ou la mousqueterie : ce fut une journée entière de joie et de plaisirs ; la route de Sidi-Ferruch était couverte de soldats, de marins et de curieux qui allaient visiter le camp des Turcs, tombé en notre pouvoir, et occupé par des brigades de la 1re et de la 2e division ; les avant-postes avaient été désignés la veille par le général en chef après la bataille, et établis à une demi-lieue en avant de Staoueli, sur la route d'Alger. On rencontrait de tous côtés des soldats chargés de butin. Nous pûmes voir de près, pour la première fois, ces *bournous* en laine blanche qui nous faisaient reconnaître les Arabes de si loin ; ces terribles *yatagans,* sous la lame desquels étaient tombés tant de nos camarades, et ces longs fusils de Bédouins qui atteignaient nos tirailleurs à de si grandes distances (1). Chaque bivouac, chaque tente avait des tapis turcs de grand prix ; nos soldats commençaient à jouir de quelques-unes des molles aisances de l'Orient ; ils avaient trouvé d'excellent tabac, qu'ils apprirent à fumer dans des *hookha ;* ils les préféraient à des exemplaires du *Koran* richement reliés, renfermés, selon

---

(1) C'est le cas de dire ici, avec Montluc : « Malheureux « instrument qui fait que tant de braves et vaillans hommes « meurent de la main, le plus souvent, des plus poltrons et « plus lâches qui n'oseraient regarder au visage celui que de « loin ils renversent de leurs malheureuses balles par terre. » (Commentaires de messire Blaise de Montluc, maréchal de France.)

l'usage du pays, dans de petites gibernes de velours vert, et qu'ils cédèrent de grand cœur à des amateurs de livres pour le prix de quelques litres de vin. On prit aussi plusieurs chevaux blessés, qui rendirent de grands services à nos vivandières, pour faire les voyages du camp aux avant-postes. On a parlé de *milliers de sequins* trouvés dans la tente de l'aga; mais je crois qu'on peut placer cette anecdote au nombre des sornettes qui se fabriquent à l'armée, pour l'amusement des gobe-mouches.

Le reste de la journée se passa en félicitations et en complimens; les officiers abondaient au quartier-général, et venaient recevoir les éloges qui leur étaient dûs, et se montrer, pour n'être pas oubliés sur le travail des récompenses. Les traits de valeur de nos braves et jeunes soldats n'avaient pas manqué, et on les recueillait avec empressement. Le général Berthezène convint devant nous que l'élan, le sang-froid et l'intrépidité des troupes, lui avaient rappelé les belles journées de l'ancienne armée : cet éloge avait quelque prix, de la part d'un homme qui se connaissait en bravoure, et qui, la veille, avait eu une si belle part dans les succès de la journée.

L'armée ne manquait de rien, pas même d'imbécilles, chose du reste fort utile partout, et dont on fait grand cas dans les positions ennuyeuses. Parmi ceux que le sort nous avait départis, on remarquait un officier supérieur d'état-major, superfétation militaire des plus complètes. Ses naïvetés amusaient autant que ses prétentions guerrières : il se trouvait sur la terrasse de Torre-Chica, au milieu d'un groupe d'officiers qui s'interrogeaient sur les détails du combat de la veille. Un d'entre eux lui demanda: *Eh bien! colonel, étiez-vous hier à Staoueli?* —*Non*, répondit celui-ci avec bonhomie, *je me propose d'y aller aujourd'hui.* Le mot courut, et fit fortune, tout le monde en rit, même M. de Bourmont, malgré l'amitié qu'il lui portait.

Le général en chef désirait depuis long-temps quitter le logement qu'il avait dans la mosquée de Sidi-Ferruch ; des relations pouvaient s'établir chaque jour avec des Arabes ou des Turcs, et il sentait l'inconvénient que ce peuple, très-attaché à ses pratiques religieuses, vît le chef de l'armée française installé dans un lieu depuis long-temps l'objet de sa vénération : le local, du reste, n'était ni gai ni commode, et c'était une singulière chambre à coucher que le tombeau d'un marabout. M. de Bourmont se fit construire une grande baraque sur la crête du plateau : elle se composait de deux pièces, l'une qui lui servait de salle à manger, l'autre de cabinet, et dans laquelle il avait fait placer son lit de campagne (1). Il vint l'oc-

(1) Par un hasard assez remarquable, cette baraque, après que M. de Bourmont eut changé son quartier-général, fut transportée dans le bas de la presqu'île, et servit d'hôpital

cuper le lendemain de la bataille de Staoueli. La soirée était belle ; nous la prolongeâmes long-temps : cependant, vers neuf heures, elle devint froide et humide, et j'allai me chauffer quelques instans avec le colonel Auvray et le colonel Montlivaut, au bivouac des chasseurs du 17ᵉ, qui étaient arrivés la veille. Nous causions sur la négligence que mettent les troupes françaises à se garder en campagne. Le soldat français porte en général, dans ce service, une insouciance qui tient autant à la légèreté de son caractère qu'à la persuasion où il est que les mesures de précaution ressemblent à de la crainte, sentiment auquel il est le moins accessible. M. Auvray, ancien aide-de-camp du maréchal Suchet, un des meilleurs officiers d'état-major de l'armée, me disait : « Je ne serais pas étonné qu'un de ces jours nos grand'-gardes ne fussent surprises et peut-être en-

---

pour les officiers. C'est là que mourut, quelques jours après, le brave Amédée de Bourmont.

levées. » Nous venions de rentrer dans nos tentes; le camp était tranquille; nous n'entendions autour de nous que le bruit régulier et monotone de la lame, qui venait se briser sur les rochers de la falaise, et dans le lointain le cri aigu et plaintif du chakal, attiré par l'odeur des cadavres que la terre recouvrait à peine (1). Vers minuit, des coups de fusil répétés sur toute la ligne, et un *houra,* nous réveillèrent en sursaut. Au même instant, tout le monde fut sur pied; on criait *aux armes!* de toutes parts: l'alerte fut générale, le feu se soutenait, et personne ne douta que nos avant-postes n'eussent été attaqués. M. de Bourmont sortit de sa baraque, à moitié habillé. Il

---

(1) Le *chakal* est un animal moins gros qu'un chien et aussi féroce qu'un loup : très-commun sur la côte d'Afrique, les corps morts sont sa nourriture favorite. Ils venaient, pendant la nuit, rôder en très-grand nombre autour du camp. Nos soldats en ont tué beaucoup; et avec leur peau, qui est fauve et assez douce, ils se faisaient de très-jolies blagues pour leur tabac.

avait toujours le même calme et le même sang-froid. *Allons, messieurs, à cheval, à cheval!* disait-il à ses aides-de-camp. Le premier qui partit fut, je crois, Aimé de Bourmont; il fut bientôt suivi de MM. de Maillé et d'Ault-Dumesnil. Pendant ce temps, on sellait le cheval du général en chef, qui achevait de s'habiller en causant froidement avec le général Després, qui avait l'air plus préoccupé qu'effrayé; la générale commençait à battre dans tout le camp, et le boute-selle à sonner; le feu ne discontinuait pas : tout à coup il cessa comme par enchantement; on n'entendit plus que le bruit des armes en mouvement et le bruissement des pas dans les broussailles. Après une demi-heure d'incertitude, les aides-de-camp revinrent annoncer que toute cette alerte n'avait pour cause qu'une erreur de sentinelle, qui, apercevant à travers le taillis un soldat prenant le frais en chemise, l'avait pris pour un Bédouin, et avait tiré des sus; les sentinelles avancées avaient fait feu sur toute la ligne ; l'alerte s'était communiquée aux grand'gardes; les coiffes blanches qui avaient été distribuées aux soldats pour en recouvrir leur shakos ayant produit l'effet d'un capuchon de *burnous,* des détachemens tiraient les uns sur les autres. Ce ne fut pas sans peine que les officiers firent comprendre cette méprise, qui pouvait avoir des conséquences fâcheuses. Personne ne fut blessé, tout rentra dans l'ordre, et chacun alla retrouver son lit, sa paille ou son bivouac.

Le retard qu'éprouvait l'arrivée de notre matériel donnait à l'ennemi les moyens de préparer ses moyens d'attaque et d'organiser sa défense quand il en serait temps. M. de Bourmont était vivement affecté de ce contre-temps, contre lequel ne pouvaient rien ni son courage ni son expérience ; il n'y voyait que des périls plus certains pour l'armée qui lui était confiée ; cependant, jamais je ne lui ai entendu proférer une plainte contre l'amiral. Souvent seulement, en tournant ses regards vers la mer, il disait à M. Dubreuil, jeune officier de marine plein de mérite, détaché de *la Provence* auprès du général en chef : *Eh bien ! monsieur, et notre convoi ?* — *Monseigneur,* répondait celui-ci, *les ordres ont été expédiés depuis le 16 ; mais le vent ne nous sert pas.* — *Allons,* disait M. de Bourmont avec une résignation sans humeur, *attendons le vent, nous sommes à ses ordres.*

On comptait sur une attaque pour le 24 : elle ne manqua pas : dès la pointe du jour, l'affaire s'engagea sur les hauteurs en avant de Sidi-Kalef ; elle dura une grande partie de la journée. Le général en chef partit de Sidi-Ferruch pour n'y plus revenir. Le quartier-général se trouvait déjà trop loin du champ de bataille ; il le transporta à Staoueli : tout l'état-major quitta la presqu'île, où il ne resta plus que les administrations financières, les vivres et les hôpitaux; la garde en fut confiée à la 3e division.

C'est dans cette journée que fut blessé mortellement le jeune Amédée de Bourmont, l'un de nos officiers les plus braves et les plus distingués. Il unissait à l'intrépidité d'un vieux soldat les formes aimables et prévenantes d'un homme de bonne compagnie; il avait dans l'esprit autant de grâce que d'aménité, et dans les relations de la vie privée une bonté d'âme et une générosité de cœur qui lui avaient fait des amis dévoués de tous ses camarades. Je ne crains pas de dire que sa blessure excita l'intérêt de toute l'armée, et sa mort des regrets universels. Il avait couru au-devant de cette glorieuse mort. Impatienté de voir tous les dangers accordés aux compagnies de voltigeurs, il sollicita du brave colonel Magnan, qui l'aimait comme un fils, la faveur de charger, à la tête de la compagnie de grenadiers dont il faisait partie, sur un gros de Bédouins retranchés dans un jardin derrière une haie d'arbousiers et de lauriers-roses, et qui nous tuaient beaucoup de monde. A peine l'eut-il obtenue qu'il s'élança, l'épée à la main, suivi de son détachement : au même instant il reçut, presqu'à bout portant, une balle sous le téton gauche, qui vint sortir à l'extrémité de l'omoplate : il eut encore la force, vomissant le sang à pleine bouche, de se traîner, soutenu par deux de ses grenadiers, à plus de cinq cents pas pour arriver à l'ambulance, où les premiers soins lui furent donnés. Son malheureux père, placé au milieu des régimens engagés dans l'affaire, n'apprit que le soir ce funeste évènement. Amédée fut sur le champ transporté à Sidi-Ferruch, sur un brancard porté par des soldats de son régiment, navrés de douleur. Je le vis arriver au camp à trois heures ; j'assistai à son premier pansement ; il me serra affectueusement la main; le docteur Chevreau lui avait très-expressément défendu de parler. Un grenadier qui lui était dévoué, avait obtenu la faveur de rester auprès de son lieutenant pour le servir : ce brave garçon ne quitta plus le chevet de son lit. Quand je vis ce pauvre Amédée dans ce fâcheux état, je fus péniblement affecté en me rappelant que la veille, dans un moment de gaieté, il m'avait envoyé par une vivandière une grosse sauterelle sous enveloppe, avec un mot de billet au crayon, ainsi conçu: *Je vous envoie, mon cher ami, le plus gros ennemi que j'aie trouvé; il est du genre de ceux que, d'après le* Journal des débats, *nous aurons à combattre. C'est un prisonnier que j'ai fait, et dont je vous fais hommage.....*

M. Chauvin (1) était allé dans la matinée

---

(1) M. Chauvin-Beillard, l'un des secrétaires de M. de Bourmont, a fait la campagne avec moi; nous avons partagé la même tente et les mêmes rations. Je ne le connaissais

faire une promenade du côté de Staoueli, et pousser une reconnaissance jusqu'au champ de bataille. La chaleur était si forte, que je ne me sentis pas la force de l'accompagner: il partit avec le docteur Eusèbe Dessalles, attaché à l'armée en qualité d'interprète, et que l'amour de la botanique poussait à cette excursion. Elle aurait pu leur devenir aussi fatale qu'à ce malheureux officier d'artillerie qui, le même jour, fut surpris au milieu d'un fourré par des Bédouins, qui lui coupèrent la tête presqu'à côté d'un de ses amis, M. David, employé dans les bureaux de M. Denniée; celui-ci ne dut son salut qu'au bonheur qu'il eut de se tapir assez à temps

quand je m'embarquai avec lui sur *la Didon*, que par quelques brochures politiques qui décélaient déjà le talent d'écrivain, dont il a donné de brillantes preuves depuis. Ceux qui ont lu ou entendu ses deux plaidoyers dans les deux accusations qu'il a soutenues devant la Cour d'assises, pourront se faire une idée de son esprit et de sa capacité. Il faut avoir vécu dans son intimité, pour connaitre l'étendue de ses connaissances, la générosité de ses sentimens et l'élévation de son caractère.

dans les broussailles; il échappa par ce moyen à la recherche de ces barbares, qui tournèrent pendant long-temps autour de lui sans le voir, couché sur l'herbe et caché par les feuilles. Il eut la douleur de rester témoin de la longue et inutile défense de son malheureux compagnon, et d'entendre ses derniers gémissemens. Le lâche et cruel assassinat du jeune Amoros excita dans l'armée un sentiment d'horreur; on eut de la peine, pendant plusieurs jours, à soustraire les prisonniers que nous fîmes à la fureur de nos soldats.

Tout n'est pas joies et plaisirs à l'armée. Le bruit imposant du canon, les fanfares guerrières, l'éclat de la victoire, le tumulte des armes, finissent par rassasier l'imagination. A ces émotions vives et énivrantes succèdent des momens d'ennui et de dégoût; les ressorts de notre organisation se détendent tout à coup, et les souvenirs des affections, des douceurs du *chez soi,* viennent nous surprendre sur une terre étrangère, au milieu d'une nuit froide et humide, pendant les longs intervalles d'une insomnie rendue plus insupportable par le tourment des moustiques et la contrariété nerveuse occasionée par les mugissemens rauques et lugubres des chameaux. Voilà ce que nous commencions à éprouver quelquefois sur cette côte d'Afrique que nous avions tant appelée de nos vœux, et qui ne nous offrait depuis dix jours que le spectacle uniforme de la mer et l'immense rideau des montagnes de l'Atlas, que nous revoyons chaque matin avec leur éternel azur, et le soir rouges comme le soleil qu'elles reflétaient ; sans cesse la vue de cette tour blanche de Torre-Chica, que les yeux retrouvaient partout, et ce palmier solitaire qui semblait triste au milieu de nous, et qui se balançait languissamment, comme pour nous dire qu'il s'ennuyait de nous voir. Enfin, le supplice de douze heures d'une atmosphère étouffante, qui tombait sur nous d'un poids de 38 degrés de chaleur, et nous jetait haletans sur notre paille, attendant avec l'impatience du tourment un souffle d'air rafraîchissant, qui ne nous arrivait, le soir, qu'avec une rosée pénétrante. Du riz assaisonné par un morceau de lard, un beefteck de bœuf étique ou une tranche de chameau, et quelques verres de gros vin de Languedoc, que des flots d'eau saumâtre avaient peine à décolorer, telles étaient les douceurs de notre table; car on ne pouvait pas tous les jours aller s'asseoir sous la tente d'Hennequin, et lui payer au poids de l'or ses compotes de perdrix, ses terrines aux truffes, sa blanquette de Limoux et son vin de Sillery. Nos promenades sur la plage, autour de nos tentes, les charmes d'un bain à la lame à l'aurore, ou le soir au coucher du soleil, étaient nos seuls plaisirs; notre spectacle, l'arrivée des convois de blessés ; douloureux revers de la médaille, qui, bien mieux que la philosophie, dissipait avec amertume toutes les illusions de la gloire. Il faut avoir vu chaque jour le long cortége des fourgons d'ambulance, chargés de soldats mutilés, pâles, défaits, sanglans, pantelans de douleur, se dirigeant à travers un nuage de poussière vers ce lit d'hôpital où ils devaient laisser un membre, et souvent la vie, pour apprécier à leur juste valeur ces bulletins qui font les délices du désœuvré, qui les lit dans un journal, en prenant sa tasse de moka sous les ombrages du Palais-Royal, ou en avalant un long verre de vin de Champagne frappé, au Rocher de Cancale. Ce bulletin tient à peine une demi-colonne du *Moniteur;* mais le convoi qui traînait les blessés avec lesquels il a été fait, occupait une demi-lieue de terrain. Le lecteur philantrope se félicite de la ligne rassurante qui le termine : *Nous avons perdu peu de monde dans cette glorieuse journée; à peine cent hommes tués et deux cents blessés,* et il croit payer sa dette à l'humanité en buvant une rasade à leur mémoire ou à leur santé, sans se douter seulement que ces deux chiffres, si simples sur le papier, remplissent de cadavres une fosse de vingt pieds carrés, et encombrent de mourans une vaste salle d'hôpital.

Ces réflexions me revinrent plus poignantes à l'esprit, dans la matinée du 28 juin. La plage était encore couverte de débris. Un ouragan, aussi violent que celui du 16, et qui avait duré deux jours, avait causé des dommages irréparables : dix-huit chevaux du train d'artillerie, que la tempête avait surpris dans un chalan au milieu de la rade, ne purent pas atteindre la plage, et furent noyés sans qu'on pût en sauver un seul. La désolation était parmi les marins ; plusieurs bateaux chargés de vivres étaient à la côte, sans espoir d'être relevés; deux bricks de guerre mouillés dans la baie de l'Est, pour protéger cette partie du rivage, chassaient sur leurs ancres, et tiraient à chaque instant des coups de canon de détresse ; déjà un bataillon se dirigeait vers cet endroit, pour protéger leur vie contre les hordes de Bédouins, dans le cas d'un naufrage presque inévitable.

Tous ces épisodes tragiques m'avaient mis la mort dans l'âme. Je sortais de voir le jeune Amédée, dont l'état empirait de jour en jour, et qui avait passé une nuit horrible. Mes yeux se tournèrent vers la porte du camp : à travers la poussière, je distinguai des soldats portant une civière sur laquelle était couché, recouvert d'un manteau, un homme dont la figure était cachée sous un voile de gaze verte, pour le soustraire à l'incommodité des mouches, qui sont un des tourmens de l'Afrique. Ce triste cortége était précédé par un officier à cheval. Je m'informai de lui quel était le blessé qu'il amenait ; il m'apprit que c'était le brave commandant Borne, aide-de-camp de M. le duc d'Escars. Il avait été blessé en indiquant à son général un mouvement de terrain; un boulet lui avait enlevé le bras droit à l'articulation de la clavicule : blessure horrible, et si effrayante, qu'on jugea convenable de le placer à part et seul dans une tente, qu'on recouvrit de feuillages pour la rendre plus fraîche. Le docteur Chevreau fut épouvanté de la gravité de cet accident, et ne nous dissimula pas l'impossibilité de le sauver. Ce malheureux avait conservé toute sa tête; en arrivant, et à peine remis du premier pansement, il demanda de l'encre et du papier pour écrire à sa femme. Il venait d'épouser dans le Vivarais une jeune personne dont il s'était séparé, quelques jours après la noce, pour venir trouver la mort sur la côte d'Afrique. Il écrivit sa lettre de la main gauche avec assez de fermeté : une lettre toute d'amour, et dans laquelle sa blessure occupait la plus petite place. L'infortuné Borne n'eut pas le temps de prolonger la sécurité de sa jeune épouse; il succomba, quelques jours après, à la violence d'une fièvre de tétanos (1).

Il y avait dans une des salles de l'hôpital une femme qui excitait l'intérêt de tout le monde : c'était une vivandière du 37e, jeune, vive et fraîche, mariée ou non à un sapeur, qui, dans tous les cas, l'aimait comme une maîtresse et comme une femme tout à la fois. Elle avait été blessée le 29, au plus fort de la mêlée, au moment où elle distribuait

---

(1) Voici la situation des hôpitaux de l'armée, du 14 (jour du débarquement) au 28. On pourra juger nos pertes, dans les combats des 14, 19, 24 et 28, en évaluant les morts pour un tiers du nombre des blessés.

	Fiévreux.	Blessés.	Total.
Reçu des ambulances, du 14 au 27 juin.	142	1061	1203
Le 28, id. . . .	11	218	229
	153	1279	1432
Sur lesquels on a évacué sur Mahon .	119	812	931
Guéris	»	10	10
Morts.	»	29	29
Reste à terre	34	428	462
Nombre égal	153	1279	1432

quelques verres d'eau-de-vie ; une balle lui avait fracassé le genou ; elle fut portée à l'ambulance, et de là à Sidi-Ferruch. La blessure était grave, elle nécessitait l'amputation de la cuisse ; le sapeur ne quitta pas le chevet de son lit. L'opération ne l'effrayait pas, son courage était admirable ; mais elle s'attendrissait, en pensant que, mutilée, elle ne serait plus qu'une charge pour son mari : elle voulait mourir pour le rendre à la liberté. Les raisons que lui donnait le sapeur pour se laisser amputer étaient déchirantes de naturel et de tendresse ; il lui disait, la voix émue, les yeux humides, en agitant devant sa figure un chasse-mouche fait de feuilles de palmier : « Geneviève, ne
« crains rien, le colonel m'a promis que tu
« resterais toujours vivandière du régiment ;
« je vas, en sortant d'ici, tuer un Bédouin,
« et lui prendre son cheval, tu feras ton
« service bien montée ; une jambe de moins,
« ça n'empêche ni de vivre ni de marcher ;

« et qui sait si je remporterai les deux mien-
« nes de ce pays; ce qui t'est arrivé à toi
« peut m'arriver à moi. Est-ce que tu ne
« m'aimerais plus pour ça, nom de D...!!! »
Geneviève souriait, en lui serrant la main;
de grosses larmes tombaient sur son épaisse
barbe noire, et il ajoutait pour achever de la
décider : « Va ton train, tu sais que je con-
« nais M. de la Tour-Maubourg; mon père a
« été à son service : je t'obtiendrai une pe-
« tite cantine à la porte des Invalides; c'est
« un bon parti, et laisse faire, avec ma croix
« je t'établirai. » La pauvre Geneviève se
laissa faire; elle mourut quelques jours après
des suites de l'opération : le sapeur était re-
tourné à son poste; il apprit la mort de sa
femme à la tranchée sous le fort de l'Empereur : quelques heures après il fut tué d'un
éclat de bombe.

Enfin, le 25, on signala le convoi, ce convoi tant désiré et si long-temps attendu, et dont le retard nous coûtait chaque jour des hommes. Il fut aperçu à l'horizon, mais le vent était si faible, qu'il arrivait lentement. Cependant, vers six heures du matin, le vent fraîchit, et avant midi, il fut presque entièrement mouillé dans la baie. Aussitôt on procéda au débarquement de l'artillerie; cette opération, contrariée par les coups de vent du 26 et du 27, dura quatre ou cinq jours. Il serait difficile d'imaginer quelque chose de plus beau que le zèle infatigable et le dévouement de tous les instans des officiers de marine et de leurs équipages, depuis le commencement de la campagne. Chaque vaisseau de la flotte avait détaché une partie de son monde à terre pour faire le service de la plage. Ce service accablant commençait au jour et ne finissait qu'à la nuit. Ces braves marins supportaient avec un courage au-dessus de tout éloge quatorze heures du soleil d'Afrique, sur un sable brûlant. Ruisselans de sueur, haletans de fatigues, ils se livraient sans relâche aux travaux les plus pénibles; il faut avoir vu pendant vingt jours les détails de cet immense débarquement, pour apprécier tous les services que notre brave marine a rendus dans cette campagne; il faut avoir vu débarquer des pièces de 24, des mortiers de 10 pouces, des affûts de siége, et des milliers de bombes et de boulets, pour comprendre jusqu'où peuvent aller la puissance de la discipline et le sentiment des devoirs; des officiers de la plus grande distinction, de jeunes matelots, de vieux marins exécutaient avec joie et enthousiasme des travaux qu'on regarderait comme une barbarie d'exiger des nègres ou des forçats; pas un murmure, pas une plainte; et cependant les officiers remarquaient quelquefois que la discipline était très-relâchée à terre. Des défenses étaient faites à toutes les cantines de vendre du vin aux matelots. On leur apportait leur ration du bord ; ils la mangeaient gaiement sur la plage, sans abri contre les ardeurs d'un soleil de 40 degrés. Le soir, ils se débarrassaient des rigueurs de la consigne, ils se répandaient dans le camp, et trouvaient bon accueil au bivouac de nos soldats ; ils partageaient la *ratatouille* du troupier, et le bidon de l'escouade circulait à la ronde ; la vivandière avait soin de le tenir au complet, car ce n'étaient ni la soif ni l'argent qui manquaient ; il en résultait bien parfois quelques rixes, quelques querelles, qui n'étaient, à tout prendre, que les épisodes obligés de ces scènes militaires. La gendarmerie du grand-prevôt mettait les plus mutins à la garde du camp, et le lendemain, chacun retournait à son devoir avec la même ardeur, les uns aux avant-postes, tiraillant contre les Bédouins, les autres au débarcadour, pour les travaux de la marine.

Sur un des bâtimens du convoi qui venait d'arriver, se trouvait l'imprimerie de l'armée, que j'avais organisée quelques jours avant notre départ. Dans une expédition où tout avait été prévu, où rien n'avait été oublié, une seule chose semblait avoir été dédaignée, c'était une imprimerie pour le service de l'armée (1). J'en fis l'observation à Toulon à M. de Bourmont, qui me parut regretter beaucoup de n'y avoir pas pensé à Paris; il me témoigna le désir de réparer cet oubli, et me donna l'ordre de partir pour Marseille, afin de me procurer le matériel et le per-

---

(1) On avait attaché à l'intendance-générale de l'armée le service d'une presse lithographique. Ce service, très-bien organisé et placé sous la direction de M. Frossard, ancien commissaire des guerres, homme aussi actif qu'intelligent, fut d'une grande utilité, surtout pour l'impression des proclamations en langue arabe, et pour un grand nombre de travaux administratifs, mais les ressources de la lithographie sont très-bornées. Plus tard, lorsque M. Frossard fut chargé à Alger de l'organisation des douanes, le service lithographique fut réuni à la direction de l'imprimerie.

sonnel nécessaires au service d'une presse. En moins de quatre jours, la presse, ses accessoires, deux compositeurs et deux imprimeurs étaient embarqués à bord d'un transport, qui vint rallier la flotte en grande rade la veille de notre départ. Par un concours de circonstances contrariantes, cette imprimerie fut chargée sur un brick qui se trouva faire partie de cette 4ᵉ division, que les combinaisons de l'amiral retinrent si long-temps dans la rade de Palma. Enfin, elle arriva au milieu des affûts et des sacs d'avoine; il fallut en rassembler toutes les parties éparses sur la plage. En quelques heures, la machine infernale de Guttemberg, ce formidable levier de la civilisation, fut établie sur le sol africain. Le chef-d'œuvre de l'esprit humain fut naturalisé, le 26 juin 1830, dans une presqu'île inhabitée de la Régence d'Alger; deux tentes suffirent pour l'abriter; les ouvriers baptisèrent cette presse du nom d'*Africaine,* ils en firent l'inauguration en présence d'un grand nombre d'officiers de terre et de mer, de soldats et de marins accourus pour jouir du curieux spectacle d'une imprimerie française dans le pays des Bédouins. Des cris universels de *vive la France! vive le Roi!* éclatèrent quand on distribua à tout le monde les premiers exemplaires d'une relation de notre débarquement et de nos premières victoires (1). Un bulletin de l'armée française imprimé sur une plage de la côte d'Afrique, est un fait assez extraordinaire pour qu'on y attache de l'importance; dans quelques siècles, cette date signalera, peut-être, un des évènemens les plus influens de civilisation, sur la plus belle comme sur la plus florissante de nos colonies. Elle fera époque dans les fastes de cette restauration, qu'on insulte

(1) Buonaparte avait une imprimerie française en Egypte, il l'avait placée à Giseh, au pied de la grande pyramide. Il est assez remarquable que la première chose qu'il y fit imprimer fut une édition de cette Constitution de l'an III qu'il devait détruire deux ans après.

aujourd'hui, et dont on ferait mieux d'imiter l'indépendance, la dignité et les victoires, qui retentissent encore depuis Cadix jusqu'à Navarin.

Le spectacle d'une imprimerie n'était pas le seul qui, sous le rapport des arts, dût fixer l'attention. Sur cette plage déserte, on rencontrait de tous côtés les peintres qui faisaient partie de l'expédition, dessinant, à l'ardeur du soleil, des points de vue de la côte, des scènes militaires et des effets de marine. L'amour de leur art leur faisait braver les dangers de la guerre et les incommodités du climat. On les voyait sur la plage, sur les rochers, aux avant-postes, l'album sous le bras et le crayon à la main. Que de peines et de soins a coûtés à Eugène Isabey son beau panorama de la presqu'île de Sidi-Ferruch! J'ai vu Gudin, sous des torrens de pluie, prendre l'esquisse de son admirable tableau de la tempête du 16 juin. Wachsmut, Langlois, Tanneur et Gilbert n'avaient pas moins de zèle. On les trouvait souvent les uns et les autres au milieu des tirailleurs; ils allaient partager les fatigues et la soupe du soldat : ils partagent aujourd'hui l'espèce de disgrâce qui s'attache à tout ce qui a fait partie de l'expédition d'Afrique. Les esquisses de tous les hauts faits de notre brave armée, dans cette campagne, vieilliront peut-être dans les portefeuilles; car le gouvernement n'oserait placer en regard des batailles de *Jemmapes et de Valmy*, la bataille de Staoueli, la prise du château de l'Empereur ou l'entrée triomphante de nos troupes dans la Cassauba.

L'armée avançait; les journées du 27, du 28 et du 29 l'avaient portée en vue du château de l'Empereur; les hauteurs et les batteries de Sidi-Bénédi avaient été enlevées à la baïonnete, avec une impétuosité qui avait rendu inutiles la bravoure et la furie de la milice turque; l'artillerie de siége arrivait, et on se disposait à ouvrir la tranchée. Le quartier-général était établi dans une maison de campagne, à une portée de canon du château (1); Sidi-Ferruch en était éloigné de près de cinq lieues, et cette distance, que parcouraient chaque jour nos convois, avait besoin d'être gardée. De demi-lieue en demi-lieue, la route était protégée par des redoutes et des blockhouses; mais l'intervalle était toujours un passage dangereux : des partis de Bédouins y guettaient nos soldats isolés, ils attaquaient même les convois sans escorte, et, selon leur horrible coutume, les malheureux qui tombaient en leur pouvoir étaient aussitôt décapités; leur tête, enveloppée dans un sac, était portée à la Cassauba, où elle était payée 50 piastres, et accrochée à des crampons de fer, placés en

(1) Le quartier-général était établi sur un plateau, à peu de distance des consulats d'Espagne et de Hollande. (*Voir* la carte 3.)

grand nombre au-dessus de chaque porte de la ville. Quand nous sommes arrivés à Alger, nous avons encore retrouvé quelques-uns de ces sanglans trophées, que nos soldats se sont hâtés d'enlever, et d'ensevelir avec une pieuse douleur (1).

Il est digne de remarque que les mœurs des Bédouins se sont conservées les mêmes depuis des siècles, et n'ont varié dans aucun des pays qu'ils habitent. Les mœurs des tribus de l'Afrique occidentale sont celles des tribus de l'Egypte et de la Syrie ; elles sont aujourd'hui ce qu'elles étaient du temps de saint Louis. En lisant Joinville, on croirait lire une relation faite de nos jours, si la grâce et la naïveté du style ne nous indi-

---

(1) Il est juste de dire, cependant, que le dey répugnait à récompenser ces actes de cruauté, que sa politique l'obligeait à ne pas désapprouver hautement; nous avons eu la preuve que, tant qu'il l'a pu, il a sauvé des Français. Hussein n'était pas cruel à plaisir; les soins qu'il a pris des malheureux marins échappés au naufrage des bricks *le Silène* et *l'Aventure*, doivent lui mériter quelque estime.

quaient une autre époque. Tout ce que je pourrais dire sur ce sujet, serait loin de valoir ce que je vais citer. « Les Béduyns
« doncques sont gens qui vivent et habitent
« avec les Sarrazins ; mais ils tiennent une
« autre manière et façon de vivre ; car les
« Béduyns ne croyent point en Mahomet
« comme font les Sarrazins ; mais ils tien-
« nent et gardent la loi Hely (la loi d'Ali),
« qu'ils disent être oncle de Mahomet. Ils
« se tiennent aucunes fois dans les monta-
« gnes et déserts, et croyent fermement entre
« eux, que si l'un d'eux endure la mort pour
« son Seigneur ou pour quelque autre bonne
« intention, que son âme va en autre meil-
« leur corps et plus parfait, et est plus à son
« aise dans ce corps qu'elle n'estoit aupara-
« vant. Au moyen de quoi ils ne font faute
« de s'offrir à la mort, par le commande-
« ment de leurs anciens et supérieurs. Ils
« n'ont ni ville ni cité où ils se puissent re-
« tirer, mais demeurent toujours au champ

« ou dans les déserts; et quand il fait mau-
« vais temps, ils fichent par terre une façon
« d'habitacle qui est faite de tonnes et de
« cercles liés à des perches, ainsi que font
« les femmes quand elles font sécher leur
« lessive, et par-dessus ces cercles et per-
« ches, ils jettent des peaux de grands mou-
« tons. Ceux qui suivent les guerres sont
« communément à cheval, et le soir, ils
« tiennent leurs chevaux auprès d'eux, et
« ne font que leur ôter les brides, et les
« laissent paître sur l'herbe, sans leur don-
« ner autre chose; ils ne sont jamais armés
« quand ils vont combattre (ils ne portent
« pas d'armes défensives), pource qu'ils di-
« sent, que nul ne peut mourir qu'un cer-
« tain jour qui lui est ordonné; et, à cette
« cause, ils ont une façon entre eux, que
« quand ils veulent maudire leurs enfans,
« ils leur disent en cette manière : « Tu sois
« maudit, comme celui qui s'arme de peur de
« la mort. » En bataille, ils ne portent qu'un

« glaive, fait à la mode de Turquie, et sont « tous revêtus de linge blanc comme si c'es- « toient surplis (le burnous); ils sont laides « gens et hideux à regarder, car ils ont les « cheveux longs et la barbe, et noirs outre « mesure. Ils vivent du laict de leurs bestes, « de quoi ils ont grand abondance; ils sont « en si grand nombre, que nul ne sçauroit « estimer; car il y en a au royaume d'Egypte, « de Jérusalem, et par toutes les autres sei- « gneuries que les Sarrazins tiennent, aux- « quels ils payent de grands tributs par cha- « cun an (1). »

Tout cela est encore vrai et d'une exactitude scrupuleuse; j'ai pu en juger quand j'ai vu des Bédouins de près, et dans les rapports que nous avons eus avec eux à Alger, où ils encombraient les rues et les marchés. Leurs mœurs et leurs habitudes varient cependant beaucoup selon les tribus;

---

(1) *Mémoires* de Jean Sire, seigneur de Joinville, sous le regne de saint Louis, Roi de France. Paris, Cramoisy, 1668.

ils conservent bien entre eux des caractères communs, tels que le fanatisme religieux, l'avarice, la cruauté et la soif du gain; mais quelques-uns sont moins féroces, surtout parmi les tribus qui avoisinent Alger. Quant à leur vie domestique, il est difficile d'en juger; il serait dangereux d'aller chercher à la connaître sous leurs tentes, au milieu de leur *dakerah* (bourg) ou de leur *doüar* (village).

Les premiers Bédouins qu'il nous fut possible d'observer, furent quelques blessés relevés sur le champ de bataille, et que les autres n'avaient pas eu le temps d'emporter; ils furent conduits à Sidi-Ferruch, et traités avec le plus grand soin. Deux d'entre eux fixèrent plus particulièrement mon attention; ils étaient placés dans la même tente, avec un Turc de distinction : on avait jugé convenable de les séparer de nos blessés; leur vue eût été un sujet continuel d'irritation. Ces malheureux, appartenant à trois tribus différentes, avaient tous les trois des blessures à peu près semblables et très-graves : le premier était un jeune Bédouin de vingt ans, des environs d'Alger ; sa figure était douce et son regard calme. Ses cheveux presque blonds s'échappaient en grosses boucles de dessous une calotte de laine rouge : c'était le fils d'un fermier de la plaine de la Metidja. Il avait eu la jambe brisée par un éclat d'obus. Timide et craintif, il paraissait surtout effrayé de se trouver parmi des Français : c'était un de ces malheureux que le dey avait forcés de marcher contre nous, et qui semblait plus propre à conduire des chameaux et à mener paître un troupeau, qu'à faire le coup de fusil et à manier le yatagan. Le second était un de ces atroces *Cabyles* (on prononce *Koubaïles*) attirés des sommets de l'Atlas par l'appât du gain et du pillage. La férocité était peinte dans ses traits ; sa peau basannée, sa barbe noire, et ses yeux vifs et pénétrans, qui remuaient d'une manière convulsive dans leur orbite, donnaient à sa physionomie un air sauvage, qui devenait effrayant quand il souriait d'un sourire satanique, en montrant deux rangs de dents serrées l'une sur l'autre, et d'une blancheur éblouissante; sa tête était recouverte du capuchon de son *bournous*, serré sur son front par trois ou quatre tours d'une cordelette de laine noire. Alongé sur son lit avec une cuisse fracassée, c'était le tigre blessé dans sa cage; il ne paraissait frappé que d'une chose en nous voyant autour de lui, c'était du nombre de *boudjous* (1) que lui auraient valu nos têtes entassées dans sa besace. Le troisième était un janissaire dont la rotule du genou droit avait été enlevée par un boulet; sa figure, noble et belle, avait le type oriental; c'était un homme de quarante ans, fort et robuste; sa tête, enveloppée d'un turban vert, qui indiquait qu'il était de la race d'Aly, re-

---

(1) Piastre d'Alger, qui vaut 3 fr. 72 c.

posait négligemment sur son bournous de laine rouge à franges d'or; ses bras étaient croisés sur sa poitrine; il y avait dans le calme de ses traits un mélange de résignation et de dignité qui indiquait que dans le fond de son âme il avait la conviction d'avoir bien fait son devoir. J'assistai à son pansement; l'opération douloureuse d'extraire de sa blessure des esquilles engagées dans des chairs gangrenées, ne lui arracha pas une plainte. J'observais avec attention sa figure; elle ne subit pas la moindre altération. On eût pu croire qu'on opérait sur un autre corps que le sien (1).

J'avais à la main un gros morceau de sucre que je venais d'acheter à une cantinière (je cite ce fait, tout futile qu'il est, parce qu'il se rattache à un trait de mœurs

(1) Le capitaine Trobriant, qui avait reçu une balle dans la poitrine à l'affaire de Staoueli, et qui était encore en convalescence, à cette époque, à Sidi-Ferruch, a dessiné ces trois blessés, dans la curieuse collection de portraits qu'il a rassemblés dans son livre de croquis.

très-caractéristique); le jeune Arabe le regardait avec tant de convoitise que je m'empressai de lui en offrir la moitié : il l'accepta avec reconnaissance. A peine l'avait-il dans sa main, que le Cabyle, qui était couché sur le lit voisin, se jeta dessus avec l'avidité d'un vautour qui fond sur sa proie ; ses yeux étaient étincelans d'envie et de rage : il s'en empara en laissant en même temps tomber son poing, comme une massue, sur la tête du jeune homme, pour l'effrayer, et afin de lui ôter toute idée de résistance. Nous fûmes indignés de cette brutalité ; je consolai celui-ci en lui donnant une autre portion de sucre, et nous menaçâmes le terrible Bédouin de le faire mettre à part s'il poursuivait de son lit le cours de ses rapines. Pendant ce temps, le Turc restait immobile : je lui offris ce qui me restait de sucre ; il l'accepta avec plaisir, mais sans témoigner de reconnaissance. En le prenant, il lança sur le Cabyle un regard accompagné d'un froncement de sourcil aussi expressif que le fameux *quos ego* de Virgile, et qui ôta à son voisin, si elle avait pu lui venir, l'idée de s'en emparer. Pendant tout le temps que je suis resté à Sidi-Ferruch, je suis allé chaque matin porter à ces blessés un petit cadeau du même genre, qui n'a servi qu'à leur procurer quelques jouissances dans leurs derniers momens, car aucun des trois n'a survécu à sa blessure.

La mort du jeune Arabe fut causée par un évènement aussi touchant que déplorable. Quelques jours avant la capitulation, on conduisit au camp un Bédouin qui avait demandé aux avant-postes la faveur de voir son fils, blessé et prisonnier. Après avoir visité plusieurs tentes sans le rencontrer, il vint à celle où il était. Leur reconnaissance fut attendrissante. Ce n'étaient pas des pleurs, ce n'étaient pas des démonstrations énergiques et violentes, c'était un sentiment profond, mêlé de satisfaction, de douleur et de résignation. Ces deux êtres se retrouvaient; mais ils se retrouvaient vaincus, malheureux et souffrans. Le vieillard était debout devant le lit de son fils, les bras tombant devant lui et les mains jointes, la tête penchée sur sa poitrine; son regard était triste, mais affectueux. Le jeune homme le regardait avec une douceur naïve; il lui tendait la main comme pour attirer la sienne sur ses lèvres. Ils échangèrent quelques paroles, après lesquelles le vieux Bédouin leva brusquement la couverture qui couvrait son fils, et nous montra la blessure horrible de sa jambe, cachée à peine par un large appareil. Un interprète lui fit comprendre que le lendemain on devait tenter l'amputation du blessé, comme le seul moyen de lui conserver la vie. La physionomie du père prit, à ces mots, tous les caractères de l'indignation; il éleva ses bras vers le ciel, et parla long-temps avec force et vivacité; il adressait d'un ton solennel à son fils des mots qui, à coup sûr,

étaient des ordres : ses traits avaient tant d'expression, ses accens tant de gravité, que je regrettais de ne pas savoir l'arabe ; j'étais convaincu qu'il devait y avoir de l'éloquence et de la poésie dans ce qu'il disait. Un nommé Jussuf, Tunisien, arrivé avec quelques personnes de la suite de M. de Girardin, témoin de cette scène, me la traduisit tant bien que mal en mauvais italien. Ce que je pus comprendre, c'est que le vieillard défendait expressément à son fils « de permet-
« tre l'amputation, qu'il regardait comme
« une action criminelle devant Dieu. Le
« corps que nous tenons de lui, disait-il, ne
« nous appartient pas plus que la vie qu'il
« nous a donnée ; nous ne devons disposer
« ni de l'un ni de l'autre. Couper une par-
« tie de notre corps est un sacrilége dont
« notre vie ne peut pas dépendre ; car le
« terme de cette vie est fixé par la Provi-
« dence ; et Dieu n'a donné aux hommes ni
« le droit de l'abréger ni le pouvoir de la

« prolonger. » Tout cela était mêlé d'*Allah* qui revenaient à tous momens, et de versets de l'Alcoran, qu'il récitait en agitant les grains d'un chapelet. Le Turc et le Cabyle paraissaient fort indifférens à cette scène, qui cependant finit par impatienter le janissaire; habitué à se faire obéir, il murmura avec humeur quelques paroles qui la terminèrent. Le vieillard s'accroupit alors tristement au chevet du lit de son fils, et fuma sa pipe en silence. J'ai su depuis que le chirurgien n'avait pas osé lutter contre les scrupules religieux de l'Arabe, et que ce jeune homme était mort victime des superstitions de l'islamisme.

L'armée, depuis le 29, faisait des progrès rapides; tous les équipages de siége étaient arrivés sur le lieu indiqué pour commencer les travaux de l'attaque du fort de l'Empereur, que les Arabes appellent *Sultan-Calassi*. Les détails de ces travaux, si admirablement dirigés par les généraux Lahitte et Valazé, tiennent de trop près à des connaissances qui me sont étrangères, pour que j'entreprenne de les décrire (1); je me bornerai à raconter ce qui se passait pendant ce temps au camp de Sidi-Ferruch, où me retenait le service de l'imprimerie, dont M. de Bourmont m'avait confié la direction.

L'armée se trouvait à près de six lieues de ses magasins et de son matériel; chaque matin des convois de fourgons et de chariots du train et des équipages, se rendaient, chargés de vivres, au quartier-général, et le

---

(1) Les gens du métier qui voudraient connaître les opérations du siége, les trouveront très-bien décrites dans le rapport du général Valazé et dans la seconde édition de la relation de M. Fernel. J'ai placé à la fin de mon ouvrage une petite carte des environs d'Alger, sur laquelle j'ai indiqué les points principaux de l'attaque, d'après des renseignemens qui m'ont été fournis par le capitaine d'artillerie Carnot, qui a montré tant de bravoure et de talent pendant cette campagne.

soir en ramenaient les blessés à l'hôpital. Depuis le 28, le camp était presque abandonné; la brigade Monck d'Uzer était allée rejoindre sa division, et n'avait été remplacée que par le 48ᵉ, commandé par le colonel Léridant; deux mille marins des équipages de ligne avaient été mis à terre pour renforcer ce petit nombre d'hommes; les troupes dont le général en chef pouvait disposer, sans nuire aux opérations du siége, étaient échelonnées sur la route depuis Fontaine et Chapelle, où était le quartier-général, jusqu'à Staoueli; les redoutes et les blockhouses, placés de distance en distance, n'offraient que des secours incomplets pour protéger nos convois, souvent attaqués, et surtout pour la sûreté des hommes isolés, journellement massacrés sur la route (1).

(1) A ces scènes d'horreur se mêlaient quelquefois des épisodes burlesques. On avait donné à quelques généraux des chameaux pour le transport de leurs effets : ces animaux, que nous n'avions pas l'habitude de conduire, étaient tristes, bruyans et rétifs. Deux de ceux qui avaient été donnés au

La garde du camp fut l'objet de longues négociations entre le général en chef et l'amiral. Le capitaine Hugon, dont la bravoure et l'habileté sont connues, après avoir observé avec soin l'état de la place, refusa d'en prendre la responsabilité, à moins qu'on ne mît sous ses ordres six mille hommes, tant de la marine que de l'armée de terre. Il était évident que la position la plus dangereuse était devenue celle du camp de Sidi-Ferruch. Un corps de Bédouins bien commandé et bien déterminé eût enlevé cette position, dont les retranchemens, fortement armés, manquaient d'hommes pour les défendre : une attaque de nuit eût peut-être réussi, opérée sur plusieurs points à la

---

général ***, escortés par un domestique, se rendaient au quartier, chargés des cantines du général. A quelque distance de la maison crénelée, ils entendirent dans la campagne les mugissemens des chameaux d'un bivouac de Bédouins. A ce bruit, rien ne put les retenir; ils prirent leur galop vers leurs camarades, apportant sur leur dos aux Arabes les bagages du général

fois. Il était certain, d'après les renseignemens qui arrivaient de toutes parts, que les Arabes, qui n'avaient rien à espérer en manœuvrant autour de notre armée, environnée de toute l'artillerie de siége, étaient répandus par masses énormes dans la campagne, et méditaient une attaque sur la presqu'île, qui leur promettait un immense butin, en cas de succès. Il faut croire que l'audace leur a manqué, ou qu'ils ont été trompés sur la faiblesse réelle de nos moyens de défense (1).

Un soir, c'était je crois le 1er juillet, le

(1) Voici l'état de nos forces au 1er juillet au camp de Sidi-Ferruch :

Un bataillon du 48^e	250 hom.
Un bataillon d'artillerie, commandé par M. Piéaux.	300
Sous le commandement du commandant Eggerlé, deux compagnies du génie . .	150
Marins des équipages de ligne.	1500
Deux ou trois compagnies du train, environ	150
	2350 hom.

temps était beau, le ciel était pur et l'air frais sans humidité, chose rare en Afrique; nous buvions gaiement du *grog* devant notre tente, lorsque des coups de fusil se firent entendre; on criait *aux armes!* de toutes parts, et les balles sifflaient sur nos têtes. A ce bruit confus se mêlaient des cris plus effrayans : *Les Bédouins sont dans le camp!* Nous n'eûmes pas de peine à le croire, d'après tous les récits qui nous étaient faits par les soldats qui conduisaient les convois. En quelques instans l'alarme fut dans la presqu'île; on battait la générale; le désordre régnait partout; on n'entendait, au milieu des feux croisés de la mousqueterie, que ces mots, qui retentissaient dans l'air : *Les Bédouins! voici les Bédouins!* J'étais resté sur le plateau de Torre-Chica, au milieu de gens qui couraient aux armes, et d'une foule d'autres qui cherchaient, en fuyant, un refuge vers la plage. Essayant de me rendre raison de ce tumulte et de cette

attaque subite, je ne m'expliquais pas comment les Bédouins avaient pu pénétrer dans le camp, en trompant la vigilance de ceux à qui la garde en était confiée, et sans que les batteries qui armaient les redoutes eussent fait feu à leur approche. J'étais préoccupé de la solution de ce problême, quand je vis venir à moi le commandant Préaux, qui me dit en riant : « Concevez-vous un
« pareil tapage pour une barrique de vin
« volée par quelques matelots ivres? La sen-
« tinelle placée à côté de l'entrepôt, a fait feu
« sur eux, cette alerte s'est communiquée
« dans toutes les parties du camp, tous les
« goujats et les *fricoteurs* (1) de l'armée ont
« été saisis d'une terreur panique, et tirent
« des coups de fusil sans savoir pourquoi

(1) On appelle *fricoteurs* à l'armée, tous ceux qui ne tiennent ni à un corps, ni à une administration, ni à un service, qui suivent l'armée en curieux, et avec l'espoir d'y trouver quelque emploi, ou d'y prendre part à quelque affaire d'argent, d'intrigue ou de fournitures. Ces gens-là sont ordinairement fort mal vus, et fort surveillés par le grand-prévôt.

« ni comment. » Il ajoutait gaiement : « Je
« voudrais pour tout au monde que nous
« fussions sérieusement attaqués, ce serait
« une bien belle occasion pour mes artil-
« leurs ; je réponds qu'ils ne demandent pas
« mieux, et qu'ils se moquent de tous les
« Bédouins du pays. » En quelques minutes
le calme fut rétabli partout, et il ne resta
plus que le côté ridicule de cette algarade.

Le commandant allait faire sa ronde sur
toute la ligne du retranchement ; il me proposa de l'accompagner. M. Frossard se joi-
gnit à nous ; nous traversâmes le camp, où
régnaient l'ordre le plus parfait et le silence
le plus profond. La nuit était calme et fraîche, le ciel pur et étincelant d'étoiles ; étincelant est le mot, car je ne connais pas de
pays où les étoiles brillent d'un éclat plus
vif. Nous parcourûmes toute la ligne sur la
plate-forme, d'où nous apercevions de distance en distance nos sentinelles immobiles,
se détachant sur l'horizon comme de gran-

des statues de marbre noir, qui s'animaient à notre approche en criant : *Qui vive?* La vigilance et la régularité du service me parurent très-rassurantes ; une surprise eût été impossible, et une attaque très-difficile : cependant elle eût pu être tentée avec quelque chance de succès du côté de la plage, où nous étions moins bien gardés; les deux extrémités du retranchement n'étaient défendues que par une carcasse de bateau coulée, armée d'une seule pièce de quatre et de quelques chevaux de frise à la poupe et à la proue, qui n'avançaient pas assez dans la mer pour que des hommes de résolution n'eussent pu les dépasser, en se jetant dans l'eau jusqu'à la ceinture.

Il était près de deux heures du matin quand je rentrai dans ma tente ; en me retirant, je passai devant la baraque où était placé Amédée de Bourmont. Le grenadier qui veillait auprès de lui était debout devant la porte, fumant tristement sa pipe.

Je m'approchai ; il me reconnut, et me dit d'une voix altérée : *Ah! monsieur, ça va mal; il dort dans ce moment, mais son sommeil n'a jamais tant ressemblé à la mort. Il a été saigné hier au soir, et il ne respire presque plus.* J'entrai dans la tente, qui n'était éclairée que par une lanterne accrochée à l'un des poteaux, et qui ne jetait qu'une clarté douteuse et vacillante sur le lit d'Amédée. En soulevant la portière pour entrer, un rayon de la lune vint frapper sa figure, et l'éclairer d'une lueur blafarde qui ajouta encore à sa pâleur. Cette noble figure, au milieu de ses souffrances, avait conservé tout son calme et toute sa douceur ; sa tête était légèrement penchée sur son épaule droite ; le drap qui couvrait à demi son corps était dans le désordre où l'avait placé une agitation de fièvre ; il laissait à découvert sa poitrine enveloppée de l'appareil ensanglanté de sa blessure, à la place même où eût brillé cette croix de Saint-Louis dont le roi, dans ce moment, venait de le décorer : honneur tardif, qui ne devait ajouter qu'à l'illustration de sa mémoire! Il y avait sur cette figure du courage, de la douleur, mais surtout de la mort. Je sortis le cœur navré, avec le triste pressentiment que je ne reverrais plus cet excellent Amédée.

Le 4, à dix heures du matin, nous entendîmes une épouvantable explosion, à la suite d'une canonnade qui durait depuis le point du jour. Au même instant, l'horizon fut couvert d'une fumée noire et épaisse, qui s'élevait à une hauteur prodigieuse; le vent, qui venait de la région de l'est, nous apporta une odeur de poudre, de poussière et de laine brûlée (1), qui ne nous laissa pas

(1) Les Turcs avaient recouvert de balles de laine les plates-formes des remparts et les terrasses des magasins et des logemens du château de l'Empereur, pour amortir les effets de la

de doute que le fort de l'Empereur n'eût sauté, soit par l'effet d'une mine, soit par l'incendie de ses magasins à poudre. La joie fut générale, et dès ce moment nous regardâmes la campagne comme finie. Nous savions que le dey avait placé ses dernières espérances dans les remparts de cette forteresse, qui fut si habilement investie, et dont les travaux d'attaque furent conduits avec tant de talent, que quatre jours de tranchée et sept heures du feu de nos batteries suffirent pour la réduire à une telle extrémité, que la garnison, composée de l'élite de la milice turque, n'écoutant plus que son désespoir, fit sauter ses remparts, dans l'intention de nous ensevelir sous leurs débris (1).

bombe. Au moment de l'explosion, ces balles de laine furent dispersées en l'air par flocons, et répandues au loin dans la campagne : il y en avait une quantité prodigieuse.

(1) Pendant que notre artillerie agissait d'une manière si vigoureuse contre les remparts du fort de l'Empereur, la flotte, composée de tous les vaisseaux, frégates et bombardes de l'escadre, tentait une diversion du côté de la mer. Soit que le vent ne permît pas à l'amiral de serrer davantage la

Ce projet infernal resta sans effet : des masses de pierres lancées en l'air retombèrent au loin, mais aucun de nos soldats n'en fut atteint ; ce ne fut pour nous qu'un beau spectacle, et ce pouvait être un horrible désastre.

Un exprès qui fut expédié dans la soirée, du quartier-général à M. Firino, trésorier de l'armée, nous apprit la capitulation. J'en donnerai ailleurs les détails, que j'ai con-

côte, soit qu'il eût été d'une témérité coupable d'affronter de trop près les formidables batteries du môle, à triple rang de canons ; nos vaisseaux ne purent faire qu'une démonstration presque inutile de leur bonne volonté : les boulets étaient loin d'arriver jusqu'à la ville ; et nous pûmes nous en convaincre plus tard, car nous n'en trouvâmes pas le moindre vestige. Je remarquai, cependant, sur la terrasse du môle deux larges trous, qui pouvaient bien avoir été faits par deux bombes : ce sont les seules traces qui soient restées de l'attaque de nos vaisseaux. J'ai entendu dire que le feu avait été plus décisif contre le fort des Anglais, et que plusieurs de nos vaisseaux l'avaient battu de si près, que la garnison avait été forcée de désemparer. Du reste, l'amiral et quelques gros vaisseaux de la flotte n'avaient quitté la rade de Sidi-Ferruch que le 2, dans la matinée. Ce fut le lendemain que *la Provence* perdit douze hommes par le funeste accident d'un canon qui creva dans la batterie de 36.

nus à Alger d'une manière bien authentique, par le récit d'un homme qui a joué dans cette affaire le rôle le plus actif et le plus dangereux (M. Brassewitz).

On devait entrer dans Alger le lendemain ; notre impatience égalait notre curiosité. Je donnai dès ce moment les ordres nécessaires au transport de l'imprimerie, et je me préparai à aller retrouver M. de Bourmont, auprès de qui Chauvin était depuis deux jours. J'arrangeai mon départ avec Frossard pour le 7, à trois heures du matin. La route de mer eût été plus facile et moins périlleuse, je préférai la route de terre : je voulais voir le pays ; c'était la seule occasion que je devais en avoir, selon toute apparence, et je courus la chance d'une attaque de la part de quelques-uns des Bédouins chassés des environs d'Alger, et qui erraient dans la campagne, embusqués sur la route pour attaquer nos convois et surprendre des soldats isolés.

Il fallut se décider à faire la route à pied.

Je ne pouvais pas penser à obtenir de l'obligeance de MM. les sous-intendans la faveur d'un cheval ou d'un mulet; ils m'auraient volontiers dit, comme l'Argante des Fourberies de Scapin : *Je ne lui donnerais seulement pas un âne.* Ces messieurs sont sévères en diable sur les règlemens. Attaché particulièrement à M. de Bourmont, et ne tenant à aucun des services de l'armée, ils m'auraient refusé selon toutes les règles de l'administration militaire : on ne se figure pas à Paris qu'un sous-intendant soit quelque chose ; mais à l'armée c'est un homme pour le moins très-important.

Le commandant Préaux eut l'obligeance de me recommander au capitaine Anozé, qui partait le lendemain avec quelques voitures du train d'artillerie; un estrapontin fut mis à ma disposition sur un de ses chariots: je n'en fis pas usage, mais je lui en sus très-bon gré. A trois heures du matin on ouvrit au convoi la porte du camp, et nous nous mîmes en route par une belle matinée, qui nous promettait au moins quatre heures de marche avec la douce fraîcheur du matin. J'espérais être bien près d'Alger quand le soleil nous amènerait ses 38 degrés de chaleur. Notre caravane se composait d'une vingtaine de voitures du train, sans escorte; d'une vivandière montée sur un cheval de Bédouin, de deux ou trois soldats qui sortaient de l'hôpital, de quatre ou cinq infirmiers qui se rendaient au quartier-général; du bon et aimable Dubraque, qui était venu faire la campagne en curieux, et qui partageait, tout malade qu'il était, le siége d'un conducteur de fourgon (1); enfin, de Frossard et de moi, qui cheminions côte à côte, à travers

(1) M. Dubraque est connu aux armées comme un des fournisseurs les plus honnêtes et les plus loyaux, et dans les salons de Paris comme un des hommes les plus aimables et les plus spirituels. Ami des officiers les plus distingués de l'armée de terre et de mer, il avait fait la campagne en amateur; il partagea souvent avec moi l'ordinaire du camp, et, à Alger, nos modestes dîners, sur la terrasse de la maison du Beit-el-Mal, égayés par le vin de Champagne d'Hennequin.

les tourbillons de poussière, et sur un chemin où nous enfoncions dans le sable jusqu'au-dessus de la cheville; ayant pour horizon devant nous des ravins et des coteaux couverts de broussailles hautes et épaisses. Le silence de la route n'était troublé que par les coups de fouets des charretiers, par les chansons grivoises de la vivandière et par le bruit des chaînes de fer, suspendues sous les essieux, rudement secouées à chaque cahot des voitures. Nous trouvâmes à une demi-lieue du camp, le seul *blockhouse* dont on ait fait usage dans la campagne (1). *Vous rencontrerez des Bédouins,* nous cria un caporal du 3ᵉ qui fumait sa pipe sur la

(1) On avait apporté les matériaux nécessaires à la construction de six *blockhouses;* on n'en a construit qu'un : il me semble qu'on aurait pu tirer un plus grand parti de ce moyen de défense, surtout pour la sûreté de la route. Je crois que les blockhouses seraient d'un grand secours pour faciliter les moyens de colonisation; ils offrent une retraite sûre à une vingtaine d'hommes, qui peuvent s'y défendre contre un nombreux parti d'Arabes : le moindre simulacre de fortification suffit pour arrêter les Bédouins.

plate-forme du blockhouse ; *depuis ce matin ils galopent sur les hauteurs, à la droite de Staoueli ; méfiez-vous : ils nous ont tué hier deux voltigeurs de la 3ᵉ du 1ᵉʳ qui revenaient de chercher des vivres du camp; vous les trouverez même dans le ravin à deux portées de fusil d'ici.* Nous le remerciâmes de l'avis, et nous continuâmes notre route. Au bout de dix minutes, nous descendîmes dans ce fameux ravin où tant de Turcs avaient trouvé si glorieusement la mort dans l'affaire du 19, et en remontant la colline, nous arrivâmes sur le plateau de Staoueli. Deux beaux palmiers accouplés étaient à l'entrée du camp, ils s'élevaient seuls au milieu d'une végétation noire et triste. Des tentes arabes de formes pittoresques et variées se groupaient autour d'eux; elles étaient entourées d'un large fossé et d'une redoute. Ce camp était les restes de celui de l'aga; les riches tentes des beys avaient été enlevées, et envoyées à Paris; l'armée en avait fait hommage au Roi : ces trophées étaient encore en quarantaine quand les évènemens de juillet ont eu lieu ; ils sont sans doute relégués aujourd'hui dans quelque vieux garde-meuble de la couronne-citoyenne, comme un souvenir honteux pour elle des conquêtes de la restauration.

En sortant de Staoueli, la vue s'étend sur une vaste plaine couverte de bruyères, à travers laquelle est tracée cette belle et large route, improvisée par l'armée, sur un développement de seize mille mètres. Nous avions laissé le convoi derrière nous, et nous cheminions avec quelques compagnons de voyage, quand, sans nous en apercevoir, nous nous trouvâmes absolument isolés avec Frossard. La chaleur commençait à se faire sentir ; l'attrait d'un peu d'ombre, et le désir de reposer la vue sur d'autres arbres que des lentisques et des arbousiers, nous firent diriger nos pas vers une touffe de verdure que nous apercevions devant nous, et du milieu de laquelle s'élevait le sommet d'un dôme blanc. Nous y arrivâmes en peu d'instans; c'était la demeure dévastée d'un marabout, chargé, comme celui de Sidi-Ferruch, de la garde du tombeau d'un santon nommé *Sidi-Kalef.* C'était, depuis notre départ, le premier vestige d'habitation que nous rencontrions sur notre route. Le tombeau, qui n'avait pas été détruit, était entouré de grands figuiers qui le couvraient de leur ombre. Des haies d'agaves, à moitié arrachées, servaient de clôture à quelques carrés de terrain qui avaient pu être un jardin, et où l'on remarquait encore les restes d'un champ de maïs, et quelques pieds d'orangers, dont les fleurs répandaient un parfum des plus agréables. A quelques pas, de l'autre côté de la route, était cette fameuse maison crénelée, où quelques Turcs avaient fait une si vigoureuse résistance, et plus loin, le jardin où Amédée de Bourmont avait reçu cette blessure mortelle, à laquelle il succombait au moment même où nous regardions la place d'où le coup était parti.

Après avoir pris quelques momens de repos à l'ombre parfumée des orangers, nous réfléchîmes d'un air moitié plaisant moitié sérieux, que le yatagan d'un Bédouin aurait bon marché de deux voyageurs sans armes ; nous regardions avec une sorte d'anxiété la route, sur laquelle nous n'apercevions pas encore le convoi, et autour de nous ces broussailles à travers lesquelles nous nous attendions à tout moment à voir poindre la cime d'un bournous. Le souvenir de l'infortuné Amoros, égorgé quelques jours auparavant, à peu près au même endroit, nous revint à l'esprit, et ne servit pas à égayer notre position. Nous marchions lentement sans nous parler, lorsque quelques coups de fusil tirés à une centaine de pas de nous, et dont les balles nous sifflèrent aux oreilles d'assez près, vinrent nous tirer de notre rêverie; j'avoue que je ne fus pas tenté d'aller voir d'où ils partaient ; et je ne sais trop ce qui serait arrivé, si quelques personnes à cheval ne fussent dans ce moment accourues par hasard auprès de nous (1). L'une d'elles nous proposa d'aller visiter une jolie habitation à peu de distance de la route. Nous acceptâmes assez étourdiment, et nous nous enfonçâmes sans réflexion dans un vallon (2) très-étroit, resserré encore par des haies de roseaux, de jasmins, de gênets et de rosiers, qu'il nous fallait franchir à chaque instant ; nous étions si charmés de trouver un site frais et touffu, qui nous tirât des sables et des broussailles, que nous ne calculions pas que nous pouvions très-aisé-

---

(1) M. de Béhigue, employé auprès du trésorier-général ; M. Marcotte, payeur de la 2e division, et M. Roguin, directeur des postes de l'armée.

(2) C'était l'entrée de la belle vallée de Backché-Dérré, qui commence au pied des collines de Boujaréah. C'est dans cette vallée qu'un bataillon du 4e léger, ayant démonté ses armes pour les nettoyer, fut surpris le 28 juin, à la pointe du jour, par un corps d'Algériens. Un grand nombre de nos soldats furent massacrés sans défense.

ment tomber au milieu d'un pulck de Bédouins embusqués dans le ravin. Ce lieu était si pittoresque, si romantique, si parfumé d'orangers, de citroniers, et de fleurs de tous les genres, le ruisseau qui coulait à travers le gazon était si limpide et si séduisant, que nous nous crûmes quelques instans dans une oasis. Pour apprécier les charmes d'un pareil moment, il faut se reporter aux sensations que devaient éprouver des gens qui, depuis six semaines, n'avaient trouvé d'ombre contre un soleil dévorant, qu'à l'abri de l'entrepont d'un vaisseau, ou sous le tissu presque transparent d'une tente; de l'ombre sous un dôme de verdure, et de l'eau vive limpide et fraîche, c'était le paradis. Nous commencions à prendre un avant-goût de ces belles campagnes du royaume d'Alger, que Shaler et tous les voyageurs qui ont écrit sur l'Afrique, nous peignent comme des lieux de délices. La maison que nous allâmes visiter nous rappela bientôt que nous étions sur un champ de bataille : cette maison avait appartenu à un officier de janissaires; les portes et les volets brisés par les balles, prouvaient qu'on y avait fait une vigoureuse résistance; deux cadavres turcs en putréfaction, mutilés, à moitié dépouillés, nous inspirèrent une telle horreur, que nous nous éloignâmes précipitamment de ce spectacle hideux, et qu'en grande hâte, nous vînmes rejoindre la route, où nous fûmes assez heureux pour retrouver le convoi (1).

La campagne s'embellissait devant nous, à mesure que nous approchions des hauteurs de Boujareah; nous commencions à découvrir cette multitude de maisons de

---

(1) Ce fut dans cette maison qu'à l'affaire du 29, des soldats, en attaquant par une porte du jardin qu'on s'obstinait à ne pas leur ouvrir, tirèrent quelques coups de fusil sur les panneaux. Une balle ayant traversé, frappa dans la poitrine, une jeune servante juive, qui tomba morte et baignée dans son sang. Tous les secours furent inutiles. Elle avait seize ans, et était, *comme Rachel, belle de taille et belle à voir.* Cette mort attrista tous ceux qui en furent témoins. Gudin, qui se trouva là, fit un portrait charmant de cette jeune fille.

campagne qui jettent tant de charme et de variété sur les environs d'Alger, et parmi lesquelles se font distinguer ces jolies *villa* consulaires, modèles de goût, d'élégance et d'agrément, dans lesquelles on a su réunir aux riches productions de l'Afrique, toutes les douceurs et les aisances du *confortable* européen; c'est en visitant ces agréables habitations qu'on conçoit tous les avantages d'une colonisation dans ce pays, et qu'on s'explique les goûts de ces sybarites diplomatiques, qui sollicitent comme une faveur de quitter Paris, Londres, Naples, Rome ou Madrid, pour aller vivre pendant quinze ou vingt ans auprès d'un chef de pirates, toujours au moment de les charger de chaînes au moindre caprice, ou à leur faire subir des outrages, que leurs gouvernemens avaient été jusqu'ici plus disposés à mépriser qu'à venger.

Nous commençâmes enfin à trouver cette voie romaine dont parle Shaler, et qui n'est aujourd'hui qu'un ravin étroit, sillonné par de profondes ornières : c'est là la route qu'on trouve, une lieue à peu près, avant d'arriver à Alger; elle est bordée des deux côtés de haies vives et de murailles; de distance en distance, de quelques fontaines de mauvaise eau, de citernes taries et remplies de vase, mais surtout de maisons de campagne à chaque pas. Nous avions laissé le convoi, qui était rentré au dépôt de l'artillerie, situé sur un vaste plateau à gauche avant d'arriver au consulat de Hollande. Je cheminais seul, harassé de fatigue et de chaleur, après une marche de huit heures, au milieu de la *voie romaine*, qui ressemble plus à une fondrière qu'à l'avenue d'une grande ville. La route était pavée de boulets, d'éclats d'obus et de bombes, de flocons de laine brûlés à moitié, de lambeaux de vêtemens, et de débris de moëllons et de briques. Je me trouvais, sans m'en douter, dans l'enceinte des travaux du siége, et en levant la tête, je vis suspendues au-dessus de moi les ruines effrayantes du château de l'Empereur; je gravis sur le haut de la chaussée, et je me trouvai au pied de ces murailles, à moitié réduites en poudre par le feu de notre artillerie; des pans de remparts de quarante pieds de hauteur et de dix pieds d'épaisseur, avaient sauté en l'air par l'explosion de la poudrière; les merlons, les casemates, la plate-forme de la tour, rien n'avait résisté; une odeur infecte s'exhalait de ces décombres, sous lesquels étaient enfouis les cadavres de la brave garnison du château. C'était une des plus belles horreurs dont la guerre puisse offrir le spectacle (1).

(1) Le *château de l'Empereur* fut bâti, vers la fin du seizième siècle, à l'endroit même où Charles-Quint avait placé sa tente impériale. Les travaux en furent ordonnés par *Hassan*, qui lui donna son nom. Il reçut, plus tard, celui de *Soltanié-Calessi* (Fort du-Sultan). Ce sont les Européens qui lui ont donné le nom sous lequel il est connu. Réparé et fortifié à plusieurs reprises, il fut enfin revêtu d'une enceinte régulière, de forme carrée, flanquée de tours bastionnées : au milieu de cette enceinte, se trouvait une tour très-élevée, entourée de magasins casematés.

Du pied de ces ruines, je vis devant moi, à une demi-lieue, la ville d'Alger (1), dont les maisons et les terrasses éblouissantes de blancheur, se détachaient sur le bleu foncé de la mer, qui venait baigner ses murailles; la Cassauba terminait, du côté de la terre, son enceinte, qui ressemblait à une vaste carrière; le drapeau blanc, brillant de tout son éclat, flottait dans les airs, sur le haut du kiosque du dey. Ce même pavillon couvrait la superbe baie d'Alger, où les vaisseaux de toute la flotte étaient réunis; on le retrouvait encore sur toute cette longue ceinture de forts et de bastions qui bordent la côte depuis le cap Caxine jusqu'au cap Matifoux. Tout cela avait un air de conquête qui faisait plaisir. Des soldats et des officiers qui revenaient de la Cassauba, portant les armes turques qu'on leur avait distribuées,

(1) Alger est bâti dans une position charmante, sur une côte qui rappelle la belle colline du Pausilype. (Chateaubriand, *Itinéraire.*)

couvraient la route : chargés des trophées de la victoire, ils rentraient joyeux dans leurs cantonnemens. A travers tout cela, des Bédouins montés sur leurs chevaux s'en retournaient dans leur *adouar* (village) après avoir vendu leurs denrées à nos soldats; ils faisaient humblement ranger leur monture pour nous céder plus de place, et criaient timidement : *Bââlleik! bââlleik!* (prenez garde). Ces Cabyles si terribles, si féroces quelques jours auparavant, étaient devenus tout à coup de modestes maraichers, de bons fermiers, qui nous offraient pour quelques *aspres* d'excellentes pastèques, des concombres, de gros raisins, et de belles poules de la Metidja. Il y avait cependant dans leur regard quelque chose de faux et de sournois, qui indiquait qu'à quelques lieues de là, dans l'isolement d'un ravin, ils auraient montré plus volontiers la lame de leur yatagan que les fruits de leur jardin ou les volailles de leur ferme.

Je touchais au terme de mon voyage, les murailles d'Alger n'étaient qu'à peu de distance ; je ramassai tout mon courage, je quittai la chaussée romaine, et haletant de fatigue, lassé d'admirer l'Afrique depuis vingt jours, couvert de sueur et de poussière, le teint brûlé par le soleil, dont les larges bords d'un chapeau de paille ne m'avaient pas mis à l'abri, je me jetai à travers champs, et me dirigeai en droite ligne sur la Cassauba, en traversant un cimetière turc, dont les ronces et les broussailles couvraient les pierres tumulaires, autour desquelles paissaient quelques chèvres et quelques chameaux dont on avait dédaigné de s'emparer. Quelques minutes après, je franchissais le seuil de la porte de *Bab-Djédid* (la porte neuve).

La voute qui conduit à la rue de la Cassauba, était remplie de soldats de la brigade du général Damremont : c'était un désordre de joie et d'ivresse, un bruit assourdissant d'ordres et de défenses, une confusion de paroles et de conversations, au milieu desquels il était aussi difficile d'entendre que de se faire entendre; j'eus toutes les peines du monde à passer à travers les consignes, les faisceaux d'armes, les soldats couchés sur le pavé, les cuisines des escouades installées au coin des bornes, les distributions de vivres et les étalages des marchands d'oranges et de citrons; tout cela, dans une atmosphère de fumée et un tourbillon de mouches, bourdonnant de tous côtés par myriades (1).

En arrivant sur la place, un autre spectacle

---

(1) Les mouches sont une des calamités d'Alger; il n'y a pas de pays au monde où elles soient plus nombreuses et plus fatigantes; c'est un supplice de tous les momens, depuis le point du jour jusqu'à la nuit. Là, commence un autre tourment : les moustiques, les cousins et les insectes les plus désagréables s'emparent de vous, troublent et agitent le sommeil par une irritation si atroce, qu'elle prend tous les caractères de la névralgie. Les moustiquaires sont un palliatif dont les Algériens se contentent : ce sont les seules douceurs que se procurent les gens riches. Du reste, les inconvéniens des mouches et des insectes se font sentir depuis le palais du dey jusqu'au bouge du plus misérable Juif du faubourg de Bab-zoun.

m'attendait ; le cortége du dey sortait de la Cassauba. Hussein, monté sur un cheval blanc, précédé des aides-de-camp du général en chef, et suivi d'une vingtaine d'esclaves nègres chargés de paquets, de coffres et de cristaux, retournait à son palais, après avoir été faire une visite de politesse à son vainqueur. Le dey, arrêté un instant par la foule à la porte de la Cassauba, conservait alors plus de dignité que sa position n'aurait pu le faire supposer ; son attitude était ferme et noble, sa figure calme ; un léger froncement de sourcils qui n'ôtait rien à la vivacité de ses yeux, indiquait qu'il regardait avec mépris cette populace qui couvrait la place, et qui se disputait quelques dépouilles de son palais, arrachées de force à ses serviteurs (1) ;

---

(1) La populace d'Alger s'était révoltée plusieurs fois, depuis l'arrivée des Français en Afrique ; elle reprochait hautement à Hussein les malheurs qu'elle prévoyait. Il n'est pas douteux que, sans la capitulation, le dey, malgré ses efforts et sa résistance, aurait été attaqué dans la Cassauba, et massacré par ses sujets.

jeta un dernier regard sur la Cassauba, et il ne parut éprouver de sensation pénible, qu'en voyant ses janissaires arriver tristement de tous côtés pour rendre leurs armes entre les mains des officiers d'artillerie désignés pour les recevoir. Le cortége se dirigea lentement vers le quartier de la Marine, où était située la maison que le dey avait choisie pour passer les derniers momens de son séjour à Alger. Cette maison, l'une des plus belles de la ville, était celle qu'Hussein occupait avant d'être élevé à la dignité souveraine, et qu'il avait toujours conservée avec une affection particulière (1).

(1) Hussein-Pacha, dernier dey d'Alger, s'était élevé, par sa bravoure et son intelligence, des derniers rangs de la milice turque, au plus haut degré de faveur. Il fut l'ami et le premier ministre d'Aly-Codgia, son prédécesseur, qui ne régna que quatre mois, et mourut au mois de janvier 1818. Hussein est né à Vourla, en 1764. Elevé à Constantinople, il avait servi dans le corps des *topchys* (canonniers), c'est un homme de moyenne taille, d'une figure douce et agréable; sa longue barbe blanche lui donne un air vénérable. Son costume, quand je l'ai vu, était simple et riche tout à la fois : un cachemire rouge lui servait de turban; et son *bour-*

La visite d'Hussein au général en chef fut l'objet de longues et sérieuses négociations. L'obstiné vieillard se refusait à l'entrevue qu'on sollicitait de lui; il fallut pour le déterminer mettre en jeu son intérêt. Le dey n'avait eu que dix-huit heures pour faire enlever de la Cassauba ses effets les plus précieux et ceux de son harem. Dans ce déménagement précipité, un grand nombre d'objets de prix furent oubliés; il les fit réclamer après l'entrée des Français; mais pendant les journées du 5 et du 6, on fut occupé de trop grands intérêts pour songer aux affaires particulières du dey. Cependant, dans la soirée du mardi, on s'aperçut qu'il était inconvenant que le dey ne vînt pas faire sa soumission au représentant du roi de France; on l'y détermina, en lui faisant entrevoir qu'il n'obtiendrait que par ce

---

nous blanc, jeté négligemment sur son épaule gauche, couvrait à moitié un *bombet* de velours bleu, relevé par une large broderie d'or.

moyen des arrangemens de départ; on lui promit aussi de l'autoriser à faire enlever les effets qu'il réclamait; on poussa même la complaissance jusqu'à lui faire payer deux cent cinquante mille francs, prix qu'il mit lui-même à son mobilier resté à la Cassauba. Pendant tout le temps que dura son entrevue avec M. de Bourmont, une vingtaine de ses esclaves enlevèrent dans les appartemens du palais tous les objets qu'ils jugèrent convenable de conserver à leur maître, en armes, vêtemens, tapis et argenterie; ils profitèrent même de la liberté qu'on leur avait accordée, pour enlever la montre du général Després, et le nécessaire de toilette du général en chef (1). A la suite des domestiques du dey, une nuée de Juifs s'introduisit dans la Cassauba; ils firent main-basse sur les cuisines, sur les offices, et sur quelques magasins remplis de différen-

(1) Je crois avoir entendu dire que la montre avait été retrouvée; mais le nécessaire fut perdu.

tes marchandises. On arrêta à temps ce pillage en les chassant à grands coups de bâton des cours et des galeries du palais, et on les vit pendant huit jours vendre dans les rues d'Alger ce qu'on n'avait pas eu le temps de leur faire rendre (1).

Par les soins de mon ami Chauvin, j'avais trouvé, en arrivant à Alger, un logement convenable, dans la maison du *Beit-El-Mal* (2). Je le partageais avec M. d'Aubignosc, mem-

(1) La canaille juive est, à Alger, ce qu'on peut imaginer de plus ignoble et de plus crapuleux. Tout ce que la misère a de dégoûtant, la cupidité de honteux, l'abrutissement de pénible, se retrouve chez les Juifs de la basse classe, que l'indigence ou l'appât du gain réduisent aux emplois les plus abjects. Les Juifs de la classe aisée ont, au contraire, de la noblesse dans les manières et de la générosité dans les sentimens. Plusieurs familles juives, à Alger, vivent honorablement, et jouissent d'un grand crédit et d'une grande considération.

(2) Magistrat chargé des successions et de l'administration de différens genres d'impôts.

bre de la commission du gouvernement, qui nous céda ensuite la maison toute entière, quand il prit possession de celle qu'on lui donna dans le quartier du *Djéniné* (jardin), en qualité de commissaire-général de police. J'avais à peine vu la Cassauba la veille, et je me disposai à aller la visiter le lendemain de mon arrivée. Notre imagination avait été si souvent frappée de ce nom depuis le commencement de la campagne, que cette vieille citadelle était devenue pour nous un piquant objet de curiosité.

La maison que j'occupais était très-près de la Cassauba; une petite ruelle conduisait sur la place; cette place, ou plutôt les deux rues en équerre qui la forment, étaient couvertes de soldats et de Juifs qui faisaient entre eux des échanges de tous les genres; tous les cantiniers de l'armée s'étaient installés dans les corps-de-garde des janissaires et dans les espèces d'échopes où les officiers de justice du dey donnaient leurs audiences; là étaient étalés sans ordre des marchands d'oranges de Majorque, de citrons d'Ivice, de cédrats de Valence; les uns vendaient des terrines de Grosbot et des pâtés de Périgueux qu'on mangeait sous le pouce; on buvait à pleins verres le vin de Champagne, l'orangeade, le Malaga, la limonade, le rum, le lait de chèvre, le Cognac, l'hydromel; la rue de l'aga était une salle de restaurant, un café, une guinguette : c'était un banquet général, sans apprêts, sans nappes, sans fourchettes; sur le pavé, sur la borne, à l'ombre des murailles de la Cassauba, debout, assis, sous la tente, au soleil, tout était joie : c'était la conquête sous son plus bel aspect. A deux pas de là, des Turcs au sourcil froncé, au front plissé, à la mine altière, au regard farouche, arrivaient par files déposer, sans dire un seul mot, des armes qu'ils jetaient sur un tas énorme de fusils, de yatagans, de pistolets, de sabres, de poignards, que des officiers de tous grades et de toutes armes se distribuaient avec empressement. Les Maures apportaient aussi leurs armes, mais avec plus d'indifférence et de soumission (1).

J'eus toutes les peines du monde à arriver jusqu'à la grosse et lourde porte qui sert d'entrée au palais du dey, et qui ressemble à une vieille porte de ville. J'entrai sous le porche obscur qui conduit à l'intérieur, et qui n'est égayé que par une fontaine de marbre, d'où s'échappe, dans une coupe de forme gracieuse, une eau fraîche et limpide. Une ruelle assez sale, entourée des

(1) Les Turcs apportaient de très-belles armes, la plupart de grand prix, garnies d'or et d'argent. Les Maures et les Koul-Oglis avaient été plus avisés ; ils apportaient les leurs, mais ils avaient eu la précaution d'en enlever tout ce qui avait quelque valeur. Les riches fourreaux ciselés avaient été dépouillés de leur garniture, que les Juifs avaient achetée au poids, et qu'ils revendaient ensuite à ceux de nos officiers qui avaient eu de ces armes dépouillées de leurs ornemens : ce qui explique la quantité d'armes de prix qui ont été rapportées en France, et qui, loin d'être le fruit des spoliations de la Cassauba, avaient été pour la plupart achetées très-cher par les amateurs.

écuries du dey, conduit à la cour du divan. Cette cour, qu'on peut regarder comme la partie la plus importante du palais, est vaste et belle ; elle est pavée en marbre, et entourée d'une galerie couverte, formée par un rang d'arcades moresques, soutenues par des colonnes de marbre blanc; une fontaine en forme de coupe, aussi en marbre, et du milieu de laquelle s'élève un mince jet d'eau, est le seul ornement de cette cour; je ne dois cependant pas oublier un citronier d'une grande beauté, placé à l'angle opposé à la fontaine. Un des côtés de la galerie, beaucoup plus orné que les autres, était couvert de glaces de toutes les formes et de tous les pays; une banquette régnait dans toute sa longueur, et à l'une de ses extrémités elle était recouverte d'un tapis de drap écarlate, bordé d'une frange de même couleur : c'est sur ce tapis que se plaçait le dey quand il tenait son divan, qu'il rendait la justice, ou qu'il donnait audience aux consuls et aux marchands étrangers; c'est de là que partit le fameux coup de chasse-mouches qui a été cause de sa chute. Cette galerie n'avait d'autres meubles que quelques tapis de Smyrne, une pendule gothique en garniture de Boule, enrichie de bronze doré, un petit meuble de laque, dans les tiroirs duquel se trouvaient un *Koran,* un calendrier turc (1) et quelques boîtes de parfums. Je crois y avoir vu aussi un baromètre anglais monté sur une table d'acajou, avec les légendes gravées sur des plaques de platine. Il y en avait plusieurs du même genre, et de formes différentes, dans les appartemens du dey, un surtout très-beau et très-

---

(1) Ce calendrier turc est une longue bande de parchemin, de quatre pieds de longueur et de trois pouces et demi de largeur, sur laquelle sont tracés, en caractères arabes, les mois de l'hégire, entourés de versets du Koran; le tout orné d'arabesques d'or et de couleur, d'un fini précieux. J'ai obtenu ce singulier almanach d'un officier de gendarmerie, qui l'avait acheté d'un soldat du 6e de ligne. J'ai donné, en échange, un beau *bournous*, qui m'avait été donné par M. Bacry.

riche, de Dollon : c'était un cadeau du prince-régent, en 1819.

Sous cette même galerie, à l'extrémité de cette banquette, était la porte du trésor, armée de ses grosses serrures et d'un fort guichet de fer ; elle donnait entrée à deux ou trois corridors, sur lesquels ouvraient des caveaux sans fenêtres ni soupiraux, coupés dans leur longueur par une cloison de quatre pieds à peu près. C'était là qu'étaient jetées en tas des monnaies d'or et d'argent de tous les pays, depuis le boudjou d'Alger jusqu'à la quadruple du Mexique (1).

Il serait aussi difficile qu'inutile de décrire les nombreux bâtimens et les appartemens que contient la Cassauba ; cette fastidieuse nomenclature serait sans intérêt. Qu'on se figure autour de la cour du divan, qui en est la pièce principale, des salles et des magasins, des écuries et des jardins, ou plutôt des

(1) *Voir*, aux pièces justificatives, la note sur le trésor de la Cassauba.

cours plantées d'arbres, dans lesquelles se promenaient des autruches (1); un kiosque, une mosquée, une salle d'armes, une longue treille et un berceau de jasmin, une ménagerie renfermant quelques tigres et quelques lions, un vaste magasin à poudre, dont le dôme avait été mis à l'abri de la bombe par une double couverture de balles de laine; un parc à boulets, tout cela enclavé dans de hautes murailles de quarante pieds, terminées par une plate-forme à embrasures, sur laquelle étaient placées près de deux cents canons de tout calibre, soigneusement peints en vert, et en rouge à leur embouchure, et dont une moitié servait à défendre

(1) Il y avait un grand nombre d'autruches dans la Cassauba : ces pauvres oiseaux furent inhumainement plumés vivans. L'amateur le plus curieux de leurs plumes, était un général, qui en fit une très-belle collection, et qui disait à ceux qui s'amusaient en le voyant plumer ces pauvres autruches, qui criaient à fendre le cœur : *Ceci fera plaisir à ma petite Anaïs.* Ce mot est resté proverbe à l'armée. A coup sûr, Mlle Anaïs a dû avoir de quoi fournir de marabous toutes les dames de sa société.

la ville du côté de la campagne, et l'autre moitié à la réduire en poudre en cas de révolte.

Les appartemens du dey et son harem pouvaient présenter seuls quelque intérêt. Ces appartemens étaient situés au second étage, dans le côté de l'est. La galerie qui y conduit par un petit escalier en bois peint vert et rouge, comme toutes les boiseries de la Cassauba (1), servait de salle à manger à M. de Bourmont. Cet escalier mène à une petite galerie fermée par des stores de toile de Perse et par de larges fenêtres à la turque donnant sur la cour du divan. Trois grandes pièces, qui ne communiquaient pas entre elles, étaient les seuls appartemens du dey, et furent ceux de M. de Bourmont. Au bout de cette galerie est un petit kiosque entouré d'un divan rouge, dans lequel le dey venait prendre le café et fumer sa pipe après

(1) Le vert et le rouge sont les couleurs du dey : ce sont celles de son pavillon.

ses audiences publiques. Ce kiosque servait de salon aux aides-de-camp du général en chef. Au-dessous était une porte très-basse; c'était l'entrée du harem. C'est un bâtiment composé de deux cours, autour desquelles étaient des chambres et des boudoirs, et toutes les dépendances nécessaires au service des femmes. Ces appartemens n'avaient aucune fenêtre sur les parties publiques du palais; de petites croisées garnies de barreaux serrés ouvrant sur les jardins, donnaient de l'air et du jour, et de petites ouvertures longues et étroites comme des meurtrières, laissaient apercevoir quelques échappées de mer et de campagne.

Le mobilier du harem était plus somptueux qu'élégant; on n'y trouvait ni le goût français, ni la propreté anglaise; mais des tapis de grand prix jetés à profusion sur le carreau, des étoffes d'or et d'argent, un luxe étonnant de coussins de toutes les grandeurs et de toutes les formes, en drap et en velours, rehaussés de riches broderies arabes; des glaces et des cristaux sans nombre; des meubles d'acajou lourds, massifs, et surchargés d'ornemens de bronze doré, des lits entourés de moustiquaires de mousseline de l'Inde brochée à fleurs d'or; des divans partout : tout cela dans une atmosphère de roses, de jasmin, de musc, de benjoin et d'aloës. On trouva dans le harem un grand nombre de tables, de toilettes, de coffres et de nécessaires en bois précieux de l'Asie, incrustés de nacre, d'ambre, d'ivoire et d'ébène (1); des porcelaines de la Chine et du Japon du plus grand prix, et une multitude incroyable de petits meubles bizarres et inconnus en Europe, inventés pour satisfaire les caprices enfantés par l'ennui et le désœuvrement du

---

(1) Parmi ces coffres précieux, M. de Bourmont fit un choix des plus beaux, pour les offrir, au nom de l'armée, à Mme la dauphine, à S. A. R. MADAME, duchesse de Berri, et à MADEMOISELLE. Ils ne sont pas arrivés à leur destination : il serait curieux de savoir ce qu'ils sont devenus.

harem, et par les habitudes fantasques et voluptueuses des femmes de l'Orient.

Les appartemens du dey étaient beaucoup plus simples; les murailles en étaient nues, et blanchies à la chaux; des tapis et des divans étaient les seuls objets qui les meublaient; des pipes, des armes, plusieurs pendules anglaises, un baromètre et quelques lunettes marines, fut tout ce qu'on y trouva; le reste avait été emporté par le dey. Tous ces appartemens étaient si sales, si négligés, et tellement infestés d'insectes de tous les genres, que M. de Bourmont, le général Després et les officiers qui habitèrent le harem et cette partie des bâtimens de la Cassauba, furent obligés, pour pouvoir y dormir, d'employer, pendant plusieurs jours, des Juifs à les laver au vinaigre et au chlorure de chaux. L'état-major-général, l'intendance et les administrations financières de l'armée furent établis dans la Cassauba, qui resta; comme par le passé, le centre du gouvernement. Un bataillon d'infanterie, une compagnie d'artillerie, un poste de gendarmerie et un piquet de cavalerie y faisaient le service.

Les galeries du second étage, qui servaient d'antichambre à M. de Bourmont, étaient sans cesse remplies par les consuls de toutes les nations, qui venaient régulièrement faire leur cour au général en chef, et lui présenter les étrangers de distinction, qui arrivaient de toutes parts, attirés par l'intérêt de curiosité qu'inspirait à l'Europe notre nouvelle conquête. Le capitaine Mansell, qui avait fait avec une grande valeur la campagne comme volontaire, et qui dès les premiers jours avait demandé et obtenu une place à nos avant-postes (1), était redevenu

---

(1) Il s'était fait incorporer dans une compagnie de grenadiers, partageait la soupe du soldat, et prenait place au feu du bivouac. Une nuit, il promenait, selon son habitude, ses rêveries philosophiques, et jouissait, en chemise, de la fraîcheur, assez près d'une sentinelle avancée, qui le prit pour un Bédouin, fit feu sur lui, et le manqua fort heu-

à Alger le commensal de M. de Bourmont. Je m'aperçus qu'il prenait là une attitude politique qui nous expliqua beaucoup de choses ; il commença même à perdre son air de bonhomie, et à s'envelopper d'une espèce de morgue diplomatique qui ne tourna pas à son avantage ; il s'agitait dans tous les sens autour du consul anglais et du général en chef, et donna lieu à tout le monde de lui croire des vues et un crédit que nous étions loin de lui soupçonner à bord de *la Didon*. Ces intrigues avaient alors pour but de décider le dey à s'établir en Angleterre, ou tout au moins à Malte ; il y avait dans ce projet une arrière-pensée qu'on déguisait du mieux qu'on pouvait, mais qu'il n'était pas difficile d'apercevoir. Ce n'était pas à coup sûr pour le plaisir de voir Hussein se promener dans les allées d'Hyde-

---

reusement. Le capitaine Mansell s'avança vers elle, se fit reconnaître, et lui dit avec son sang-froid britannique : *Camarade, une autre fois regardez mieux et visez mieux.*

Park ou sur les trottoirs de Regent's street, que le consul anglais désirait le voir fixer son séjour à Londres; il était aisé de deviner que l'Angleterre voulait se ménager des moyens d'action sur une conquête faite sans sa permission (1). Il pouvait y avoir pour le gouvernement anglais de l'avenir dans la possession du dey. M. de Bourmont ne fut pas la dupe de ces petites menées, et ne céda pas plus dans cette circonstance aux obsessions des Anglais, qu'il n'y avait cédé dans la journée du 4, quand, après la prise du fort de l'Empereur, le consul de cette nation, et le capitaine Mansell, vinrent solliciter des conditions avantageuses pour le dey : le con-

(1) Il n'est pas inutile de rappeler ici au parti qui outrage chaque jour la restauration, que le ministère du 8 août ne sacrifia jamais à sa politique ni la dignité de son roi ni l'honneur de la France. M. de Polignac repondait aux exigences du cabinet de Saint-James, dirigé alors par le duc de Wellington : *La France, insultée, n'a demandé le secours de personne pour venger son injure, et elle n'aura besoin de consulter personne pour savoir ce qu'elle doit faire de sa nouvelle conquête.*

sul offrit sa médiation au général en chef, qui la refusa poliment, en lui disant avec ce sourire fin et spirituel qui lui est ordinaire : *Je vous remercie, monsieur, c'est une affaire que je veux arranger moi-même avec le dey.*

Ce fut dans la matinée du 8 que j'allai à la Cassauba ; je ne me présentai pas chez M. de Bourmont, qui ne recevait personne; il avait appris la veille, dans la soirée, la nouvelle de la mort de son fils Amédée. Tout était fort triste du côté de ses appartemens; mais il régnait, du reste, un grand mouvement dans le palais ; on y faisait dans les cours des distributions d'armes : elles étaient entassées sous les galeries, mais ce n'étaient que les plus communes : chacun choisissait à son gré des fusils de janissaires, des gibernes turques, des yatagans et des pistolets ; les armes de choix avec des garnitures de perles et de corail, les sabres à fourreau d'or et d'argent, avaient été mis à part; le général en chef les avait fait distribuer à tous les généraux et à tous les officiers supérieurs de l'armée : un choix parmi les plus riches avait été fait pour être offert à M. le dauphin. Une grande faute fut commise : la marine fut oubliée dans cette distribution ; cet oubli ne peut être justifié que par le chagrin qui absorbait dans ce moment M. de Bourmont ; il est fâcheux que ceux qui étaient autour de lui, n'aient pas trouvé les moyens de le réparer ; je connais des généraux qui auraient pu aisément offrir quelques armes de prix à l'amiral ; c'eût été à la fois une justice et une convenance ; je suis certain que leur part eût été encore fort belle ; un d'eux, que toute l'armée connaît bien, *s'est fait donner* toutes les armes de l'aga, qui en avait une riche collection (1).

(1) Je connais un employé supérieur de l'administration, qui avait trouvé moyen de faire sortir de la Cassauba, et de faire transporter dans une maison particulière d'Alger, deux fusils turcs du travail le plus admirable, dont la riche gar-

C'est ici le cas de parler de ces fameux *vols de la Cassauba,* de ces *spoliations* dont on n'a pas rougi d'accuser notre armée. Rien n'a coûté au parti qui s'est acharné contre l'expédition (1), pour flétrir des lauriers conquis sous le drapeau blanc. La commission d'enquête établie à Alger, après trois mois de travaux et de recherches sans nombre, a fait justice de ces calomnies (2). Je vais dire, moi, ce que j'ai vu et ce que j'ai su.

Le dey, après la capitulation, employa toute la soirée du 14 juillet, toute la nuit suivante

---

niture de corail était sans prix, et une selle en velours rouge, sur laquelle il y avait au moins pour trois mille francs d'or sur les pommeaux et sur les broderies.

(1) Rien n'a été épargné pour calomnier l'armée. Un journal du parti révolutionnaire disait dernièrement : *L'expédition d'Afrique devait servir à former nos soldats au tir des Français par le tir des Bédouins; il n'y eut donc pas de déloyauté à s'opposer,* PAR TOUS LES MOYENS, *au succès d'une campagne qui devait être calamiteux pour nous.* Remerciez *le Constitutionnel,* soldats de Sidi-Ferruch, de Staoueli et d'Alger!!!

(2) *Voir,* aux pièces justificatives, le n° III.

et toute la matinée du 5, à emporter de la Cassauba son trésor particulier, ses effets les plus précieux et tous les bijoux de ses femmes; il avait à sa disposition assez d'esclaves et assez de temps pour que rien ne fût oublié. A midi, aux termes de la convention, une compagnie de sapeurs du génie, une compagnie d'artillerie et un bataillon du 6ᵉ de ligne se présentèrent à la porte neuve, et se dirigèrent vers la Cassauba, pendant que d'autres troupes prenaient possession des forts et des portes de Babazoun et de Babaloued; les sapeurs entrèrent les premiers dans la Cassauba; leur vue épouvanta tellement les esclaves du dey qui emportaient les derniers paquets, qu'ils les laissèrent tomber les uns dans la rue, les autres dans les cours, d'autres dans les escaliers. Les Juifs qu'on avait employés à ce déménagement, sous les ordres des esclaves du dey, moins timides que les nègres, gardèrent les objets qui leur avaient été confiés, et s'enfuirent avec. La Cassauba fut bientôt tellement remplie de troupes, que naturellement elles se répandirent dans toutes les parties du palais, et on s'imagine bien que les premiers objets qui s'offrirent aux soldats furent des objets de tentation. J'en ai vu plusieurs entre leurs mains, et je puis garantir qu'il eût été bien ridicule d'y attacher la moindre importance; c'étaient, pour la plupart, des *babouches* de maroquin et des pantoufles de femme brodées en paillettes et en cannetille; des petites tasses de porcelaine d'Italie, des supports de tasse en cuivre doré de Constantinople, des vases de verre et de cristal à fleurs d'or, remplis d'odeurs, des cuillers d'une forme bizarre, pour manger le riz et le *couscoussou* (1), faites en bois de palissandre, en

---

(1) Espèce de pilau, fait avec de la farine de maïs, de l'huile d'olive et des morceaux de volaille : c'est un mets du pays, dont les Algériens sont très-friands, et qu'ils mangent en gala certains jours de l'année.

ivoire ou en ébène, garnies de petites perles de corail; d'autres avaient trouvé dans les paquets abandonnés par les esclaves, des habits de femme, des voiles de mousseline, et de la toile de coton à turban. J'ai vu aussi entre leurs mains des bournous de scheick en drap amaranthe, et d'autres en tissus blancs de laine de Tunis; je crois être certain que quelques officiers qui entrèrent les premiers dans les appartemens du harem, y trouvèrent quelques bijoux de peu de valeur. M. de Bourmont ayant su que des pièces d'argenterie et de vermeil y avaient été trouvées, donna l'ordre qu'elles fussent déposées dans le trésor. Ce désordre dura à peine quelques heures, et ce fut par la faute de l'officier supérieur qui avait été chargé du gouvernement de la Cassauba, qui perdit la tête d'abord, et prit si mal ses mesures, que les sentinelles ne furent placées et les logemens distribués que dans la soirée du 6. J'ai vu, du reste, quelques jours après le général

Tolozé, qui avait été le premier à rétablir l'ordre, en faire devant moi, à cet officier, des reproches très-vifs. Si l'on ajoute à cela quelques autres bagatelles de très-peu de valeur (1), quelques lambeaux de tapis, quelques plats et quelques aiguières en métal d'Alger (2), on aura une idée exacte du *pillage de la Cassauba,* dont toute la France a retenti. Quant au trésor, il est connu non

(1) J'ai vu, le jour de mon arrivée à Alger, un soldat du train qui portait sous son bras un gros sac de peau renfermant une douzaine de livres de café en poudre : il l'avait trouvé dans quelque office, et il en était si embarrassé, qu'il en donnait à tout le monde. Pour en finir, il échangea son sac avec un Juif, qui lui donna une pipe turque et une demi-livre de tabac. Il y eut aussi un grand gaspillage de pots de confitures, par la valetaille.

(2) Il y avait une quantité prodigieuse de ces ustensiles en métal d'Alger, de toute forme, de toute grandeur et pour tous les usages : un grand nombre d'officiers vinrent en chercher pour meubler leur cuisine du camp. Les Juifs en volèrent beaucoup, et il en resta encore deux ou trois grandes chambres remplies. Je n'ai jamais pu concevoir ce que les deys pouvaient faire de tant de plats, de marmites, de chaudrons, de bouilloires et de cafetières. Un Maure m'a dit que c'était le service de table, quand le dey, dans certaines circonstances, recevait à dîner des *orta* de janissaires.

seulement de toute l'armée, mais de toute la population d'Alger, qu'il n'en a pas été distrait un *aspre chique* (1). Lorsque le général en chef fit son entrée dans la Cassauba, entouré de tout son état-major, il trouva devant la porte du trésor le khasnadgi qui l'attendait pour lui en remettre les clés; elles passèrent immédiatement de ses mains dans celles des membres de la commission des finances. La probité sévère de MM. Denniée, Firino et du général Tolozé, ne peut laisser aucun doute sur la surveillance scrupuleuse qui a été exercée pendant l'inventaire des valeurs de l'*Haznah* (trésor), et sur la régularité avec laquelle ont été dirigées toutes les opérations qui se rattachent à cette mission de confiance.

Je ne passerai pas sous silence le prétendu pillage de la maison du bey de Constantine. Le bruit se répandit à Alger que

---

(1) *Voir* le n° II des pièces justificatives.

dans la nuit du 5 au 6, on y avait volé environ 60,000 francs d'espèces d'or, d'argent ou de lingots; on disait que des officiers qui étaient entrés les premiers dans cette maison se les étaient partagés. Ce qui donna lieu à ce bruit ridicule, fut la réclamation faite par le bey d'une valeur de 70,000 à 80,000 francs, qu'il déclarait avoir *laissés* dans sa maison. M. Jacob Bacry, qui connaissait ce bey, et à qui j'en ai parlé, le jugeait trop avisé pour avoir *laissé* dans sa maison de pareilles valeurs; on a pu lui prendre quelques armes et quelques selles de prix, mais à coup sûr, il n'avait pas *laissé* dans une maison qu'il n'habitait que rarement, et quand il venait à Alger, des espèces d'or et d'argent. Ce bey est un administrateur trop fin et trop habile pour qu'on ait eu à lui reprocher une pareille imprudence; il a pu réclamer 80,000 fr., mais ce qu'il y a de certain, c'est qu'on ne les lui a pas pris (1).

(1) On a beaucoup parlé de quelques exactions commises

C'est assez parler de ces misérables calomnies et de tous ces vols de laquais. Nos grands généraux de la révolution et de l'empire riront à coup sûr de pitié, en entendant parler du *pillage de la Cassauba;* ce n'étaient pas des babouches, des pipes et des bournous qu'on s'amusait à prendre dans les belles *villa* de la Lombardie et de la Toscane; dans les riches palais de Parme, de Rome, de Florence et de Venise; dans les antiques cathédrales de Tolède, de Grenade, de Burgos et de Valence; dans les gothiques châ-

par des soldats dans des maisons turques et maures : j'ai eu des renseignemens certains qui me donnent lieu d'assurer que ces faits ont été fort exagérés. Le fait le plus grave fut l'espèce d'imposition arbitraire exigée de la veuve d'un aga, qu'on accusait d'avoir caché des armes dans sa maison. Un Juif, et un interprète juif attaché à l'armée, furent accusés d'avoir enlevé à cette femme 800 sequins; deux officiers, compromis dans cette affaire, furent, après une enquête sévère, reconnus innocens. L'interprète resta long-temps en prison : j'ignore ce qu'il est devenu depuis; ce dont je suis sûr, c'est que M. de Bourmont a fait rendre à la veuve de l'aga tout ce qui lui avait été enlevé, quoiqu'elle eût déclaré l'avoir donné volontairement.

teaux de la Souabe, de la Bavière, de la Saxe et de la Bohême; tout le mobilier du dey ne valait pas la moitié d'un des fourgons d'Augereau.

———

La maison du Beit-El-Mal que j'occupais, est située sur le point culminant d'Alger; elle est adossée à celle de l'Aga; de l'une des terrasses qui lui servent de toiture, la vue s'étend sur toutes les maisons de la ville, dont les masses blanches et irrégulièrement accidentées, arrivent par une pente rapide jusqu'à la marine, et viennent se terminer au môle et aux triples rangs de forts et de redoutes qui défendent les approches de la côte et du port. L'œil y embrasse tout à la fois la campagne depuis les hauteurs de Boujareah et du fort des Anglais, jusqu'au cap Matifoux, où se termine cette large baie qui sert de limite du côté de la mer à la plaine de la Métidja, si riche, si féconde, si riante, et où sont jetés avec tant de variété ces milliers de maisons de campagne, entourées de bosquets d'orangers et de citroniers, où les Algériens allaient se délasser, au milieu des douceurs du harem, des fatigues de la piraterie. Trois cents de nos vaisseaux dans la rade, et la mer, jusqu'à l'horizon, couverte de nos voiles, terminait ce magnifique tableau, qui a séduit le pinceau de Gudin, et nous a valu un nouveau chef-d'œuvre (1).

La capitulation fut rigoureusement exécutée ; aucun Français ne fut admis dans une maison turque ; les seules qu'on occupa furent celles qui appartenaient aux officiers du dey, et qui se trouvèrent abandonnées ; celle du Beit-El-Mal était de ce nombre, et plusieurs autres où furent logés des généraux et des officiers d'état-major. Si les maisons des Turcs furent respectées, il ne nous fut

(1) *Voir* au Salon le n° 2966.

pas défendu du moins de jouir de celles que nous occupions, et dont les terrasses étaient le principal agrément. A la chute du soleil, c'est l'endroit le plus commode à habiter; les appartemens, sans fenêtres sur la rue, sont tristes et étouffés; le soir, on est forcé de venir chercher de l'air et de la fraîcheur sur ces terrasses; c'est là aussi que les femmes turques viennent respirer; c'est la seule liberté dont elles jouissent à Alger; au soleil couché, elles leur appartiennent; les hommes en sont rigoureusement exclus, et ne peuvent s'y montrer que le jour. Comme il n'était pas dit que nous devions nous en priver, nous en usions, au grand chagrin des dames d'Alger, qui, pendant les premiers jours, ne s'y montrèrent plus, ou du moins elles y venaient si tard, que la nuit les dérobait à nos regards. Ce n'étaient plus que des fantômes blancs qui se confondaient avec la blancheur des murailles. Cependant, au bout de quelques jours, elles se décidèrent à reparaître de meilleure heure; la chaleur était si étouffante, que la brise de mer était réellement un besoin. Ces pudiques Algériennes se cachaient, autant que possible, en s'abritant derrière leurs négresses, et cherchaient tous les moyens de se soustraire à l'indiscrétion des lorgnettes et des longues-vues braquées sur elles dans toutes les directions. En les voyant venir presque nues sur les terrasses, ayant pour tout vêtement une chemise de soie ou de perkale très-légère, nous nous expliquions à merveille que les maris eussent pris la résolution de s'interdire mutuellement les terrasses, pendant les heures où ils permettaient à leurs femmes d'y paraître dans ce négligé : cette règle était si sévère, que pendant long-temps j'eus beaucoup de peine à décider un *raïs* (1) nommé *Aly*, qui venait me voir chaque jour, à s'y promener avec moi le soir avant la brune; il prenait plus volontiers son parti sur le

(1) Capitaine de marine.

Champagne que nous lui faisions boire pour de la bière, que sur l'indiscrétion que nous l'obligions à commettre en lui faisant fumer sa pipe sur une terrasse.

Les dîners au soleil couchant en plein air, suivis des douceurs d'un *hookha* fumé avec du bon tabac turc et du bois d'aloës, étaient les seuls plaisirs du soir, dans une ville où, à la nuit tombante, on ne trouve plus une âme dans les rues; les boutiques, les cafés sont fermés, et la porte d'un Algérien ne s'ouvre plus pour personne. Le jour le soleil est si brûlant, il se reflète d'une manière si éblouissante et si lourde sur les murailles blanches des maisons, que les promenades dans la ville sont un véritable supplice. Alger est, de toutes les villes que j'ai parcourues, celle dont les rues sont les plus désagréables; dans la plupart d'entre elles deux hommes ont peine à passer ensemble sans que l'un des deux s'efface pour laisser passer l'autre. On sent aisément que quand un Arabe les traverse, monté sur son cheval chargé de fagots ou de légumes, il faut nécessairement trouver une porte ou une encoignure qui vous donne asile, ou se résoudre à se laisser caresser la figure par des branches de genêts ou des feuilles de choux. A ces désagrémens vient se joindre celui d'une marche très-pénible sur un sol tellement incliné, que le mouvement en est involontairement précipité, et met hors d'état de pouvoir éviter les embarras sans nombre qui encombrent les rues dans les quartiers populeux. La plupart des rues sont voûtées, d'autres sont tellement resserrées, que les murs des maisons se joignent presque dans le haut; dans celles-ci, le jour et l'air circulent à peine; dans celles qui sont un peu plus aérées, le soleil darde de toute sa force, et y rend le pavé brûlant : descendre de la Cassauba à la Marine, et monter de la Marine à la Cassauba, sont deux voyages également pénibles; les recommencer plusieurs fois dans un jour, serait un supplice tellement fatigant, qu'à la longue on finirait par y succomber.

Le haut quartier de la ville, celui qui se trouve entre la Cassauba et la rue de Babazoun, est peu fréquenté; les rues y sont désertes, on n'y rencontre que quelques vieilles femmes algériennes, enveloppées de longs voiles de toile ou de laine, et dont la figure est cachée par une mentonnière et un bandeau de mousseline, qui n'ont entre eux d'autre séparation que la largeur des yeux; ou des jeunes négresses qui vont à la fontaine ou à la provision, et dont le vêtement n'est composé que d'une grande pièce de toile de Guinée à carreaux blancs et bleus, dont elles se couvrent de la tête aux pieds d'une manière gracieuse et piquante.

Les Algériens sont un peuple paresseux; ils passent leur vie au café ou chez le barbier, accroupis les uns à côté des autres, sur des nattes, les jambes nues et croisées, le tuyau de leur longue pipe fixé entre le pouce et le second doigt du pied, leurs babouches devant eux : ils boivent, de demi-heure en demi-heure, du café dans de petites tasses de porcelaine. Les cafés ne ressemblent en rien aux nôtres : ce sont des espèces de salles basses où quatre ou cinq personnes ont peine à tenir; les autres habitués se placent sur l'appui qui forme les deux côtés de la porte; d'autres devant la porte, sur des pierres, ou même par terre. Le cafetier est le plus souvent un esclave nègre, qui n'a d'autre occupation que de faire bouillir de la poudre de café dans un grand vase de terre ou de métal. Le nombre de ces boutiques à café est incroyable; on en trouve à chaque pas; deux ou trois ont un caractère particulier : ce sont de grandes salles pavées en marbre, dont la voûte, d'une forme élégante, est soutenue par des colonnes de marbre blanc; une fontaine au milieu y entretient toujours la fraîcheur. Ces cafés sont mieux fréquentés que les autres ; ce sont ordinairement des négocians aisés qui s'y réunissent et qui y causent de leurs affaires ; mais malgré tout ce luxe de colonnes, de marbres et de fontaines, tout est sale, triste, obscur et enfumé.

Les barbiers algériens sont d'une grande habileté ; ils se servent de larges rasoirs, qu'ils repassent sur une lanière de cuir de deux pieds, qui pend devant leur ceinture ; ils rasent en plaçant la tête sur leur genou : cette opération se fait avec autant d'adresse que de légèreté.

Les bains d'Alger sont renommés par leur élégance et leur propreté. J'ai visité ces établissemens, et je n'ai été frappé ni de l'une ni de l'autre : du marbre, de l'eau bouillante, du linge de coton, du café et des pipes, voilà tout ce qu'on y trouve et tout ce qui suffit aux besoins des Turcs et des Maures, qui vont au bain autant par des motifs d'hygiène que par devoir religieux. Les bains de vapeur d'Alger ressemblent aux bains de l'Orient; ce sont les mêmes usages, que les Lettres de milady Montagu et les descriptions de Savary et de tous les voyageurs en Turquie et en Egypte nous ont fait connaître.

Les boutiques d'Alger, car il est impossible de donner le nom de magasins aux ridicules échoppes dans lesquelles sont accroupis les marchands, sont presque toutes fermées sur la rue à hauteur d'appui; on n'y entre pas, les achats se font en dehors; le marchand seul est dedans, assis les jambes croisées; ces boutiques sont si petites, que dans le plus grand nombre il peut, sans se lever, atteindre à tous les rayons sur lesquels sont placées ses marchandises. Il ne faut chercher chez ces marchands ni des objets de luxe, ni des objets d'agrément, ni des objets de goût : du tabac, des pipes, du sucre, du café, des épices, des étoffes de laine et des tissus de coton, des calots rouges de Tunis, des essences de rose, de jasmin, de canelle et de gérofle, des verroteries d'Italie de formes bizarres, quelques fichus de soie de Smyrne, des ceintures de brocart à fleurs et à franges d'or de fabrique algérienne, au milieu de tout cela de sales étaux de bouchers et de fruitiers, et des rues entières remplies de cordonniers et de fripiers, voilà ce qu'offre de plus curieux le quartier marchand. Une des industries d'Alger qu'il ne faut pas oublier, c'est celle des brodeurs : les Maures sont d'une habileté remarquable dans ce genre de travail ; ils font, dans de petites boutiques où n'oserait pas se placer chez nous un savetier, des ouvrages en broderie d'or et d'argent du travail le plus parfait, et des dessins les plus riches et les plus compliqués. Ils brodent avec le même talent sur le velours et sur le maroquin. J'ai vu dans ces échoppes des portefeuilles, des bourses, des pantoufles et des bombets qui ne seraient pas déplacés dans les plus brillans magasins de

Paris. Du reste, tous les marchands maures ou koul-oglis sont avares et méfians; je ne parle pas des Juifs, qui font à eux seuls les trois quarts du commerce d'Alger, et qui joignent à ces défauts, celui d'être fripons. Ils ont, pendant les premiers jours de l'occupation, volé nos soldats sur la valeur de la monnaie : ce brigandage n'a duré que peu de temps; nos petits conscrits ont été bien vîte avisés (1).

(1) Nos soldats, qui vivaient de privations depuis long-temps, se livrèrent sans ménagement à toutes les petites douceurs qu'ils trouvaient à Alger. L'abus des fruits rafraîchissans, si abondans et à si bon compte; les excès de café, qu'on leur donnait à moins de deux liards la tasse, et surtout l'usage des liqueurs fortes, dont on trouvait des débits tenus, dans toutes les rues, par des Provençaux, des Catalans et des Génois, ont été les causes les plus influentes des dyssenteries qui se sont emparées de l'armée, peu de jours après notre entrée à Alger. Je veux bien croire, cependant, qu'elles ont eu pour cause première la fatigue d'une campagne très-active de vingt jours, et surtout la fraîcheur des nuits, pendant lesquelles, malgré les ordres les plus sévères, aucune précaution n'a jamais été prise par nos soldats.

Tout était ivresse à la Cassauba, la conquête s'y montrait de tous côtés; de la cour du divan on entendait peser l'or et l'argent par quintaux; l'armée, qui avait été si courageuse, si dévouée, si désintéressée, dont la discipline au milieu d'une ville ennemie était admirable, s'attendait au moins à une légère part dans ce trésor qu'elle venait de conquérir. M. de Bourmont, général en chef et ministre d'un roi constitutionnel, n'avait pas osé en distraire un sequin; il attendait le moment de pouvoir faire donner à l'armée, d'une manière légale, trois mois de gratification: le gouvernement des barricades en a autrement décidé; l'or conquis par l'armée a servi à payer d'autres genres de services. Ce qu'il y a de certain, c'est que dans ce moment tout était joie et confiance à Alger; soldats et officiers voyaient sans regrets l'or de la Régence partir pour la France, pour *aller enrichir le trésor français,* comme le disait l'ordre du jour du 6 juillet.

La Cassauba ne désemplissait pas d'admirateurs et de solliciteurs. Une commission de gouvernement avait été formée, et elle s'occupait sans relâche à organiser tous les services publics qui n'existaient plus (1). Aux embarras qui s'offraient de toutes parts, on pouvait s'apercevoir quel vide immense laisse un souverain qui s'en va, même quand ce souverain n'est qu'un dey. Il n'y a rien de plus difficile que de remplacer un pouvoir par un autre; il n'est pas aussi aisé qu'on le croit de se mettre à la tête d'un peuple et de lui improviser des lois, des

(1) Cette commission fut composée de M. Denniée, intendant-général, président; du général Tolozé; de MM. Firino, trésorier-général de l'armée; Deval, neveu de l'ancien consul de France, et d'Aubignosc, commissaire-général de police. M. Edmond de Bussière fut nommé secrétaire de la commission.

institutions, de la justice, du crédit et du bonheur. La commission instituée par le général en chef s'en aperçut bientôt; il lui fallut créer une administration complète. Toute celle du dey avait disparu avec lui, tous les ressorts du gouvernement étaient détruits; il restait une milice turque sans *aga*; un port, un arsenal, une marine sans *raïs-el-kebir*; des domaines immenses à régir sans le *khodgia*; des finances à administrer et des revenus à faire rentrer sans le *kasnadji*; la police d'une grande ville à surveiller sans le *mesouar*; la justice à rendre sans *kadi*. La religion seule n'éprouva aucun préjudice; le service des mosquées fut toujours fait avec une entière liberté par le *mufti* et les *iman*. Je n'ai pas entendu dire qu'un seul Français ait troublé l'exercice du culte musulman. Personne n'a osé franchir le seuil d'une mosquée; l'armée a eu pour la religion de Mahomet un respect qui l'honore : la religion de Jésus-Christ a été depuis moins bien traitée dans le royaume de saint Louis.

– Je vis M. de Bourmont le 10 juillet à la Cassauba; quand j'allai lui présenter mes devoirs, il était dans son cabinet, occupé de quelques affaires domestiques avec ses enfans. Au milieu de la gloire qui l'environnait, il y avait sur sa figure une profonde impression de chagrin; ce n'était pas le général en chef, c'était le père de famille, que la conquête d'Alger ne consolait pas de la perte d'un fils; *Aimé, Charles* et *Adolphe* étaient auprès de lui : *Amédée* y manquait! Je ne puis exprimer ce qui se passa en moi; mais par un mélange confus d'idées qui s'offraient à la fois à mon esprit, il me semblait que M. de Bourmont avait perdu un membre dans la campagne, je le voyais devant mes yeux comme un soldat amputé..... Il venait d'écrire au président du conseil ces lignes touchantes dans lesquelles il apprenait au Roi la perte qu'il venait

de faire : « La plupart des pères de ceux qui
« ont versé leur sang pour le Roi et la pa-
« trie, seront plus heureux que moi. Le se-
« cond de mes fils avait reçu une blessure
« grave dans le combat du 24 ; il vient de
« succomber. L'armée perd un brave soldat.
« Je pleure un excellent fils (1). »

Au chagrin qu'il éprouvait comme père, se joignaient encore les contrariétés qu'il éprouvait comme général ; le travail qu'il avait adressé au Roi, et qui contenait la demande de récompenses pour l'armée, lui avait été renvoyé morcelé ; cette demande avait été soumise à M. le dauphin, et la *camarilla* du prince l'avait ridiculement marchandée ; en vain M. de Polignac avait-il employé son influence, pour que l'armée d'Afrique fût no-

---

(1) L'histoire conservera les paroles à la fois si simples et si touchantes qu'il adressait au Roi, en lui annonçant la blessure de son fils à l'affaire du 24. « Un seul officier a été
« blessé dangereusement : c'est le deuxième des quatre fils
« qui m'ont suivi en Afrique. J'ai l'espoir qu'il vivra pour
« continuer à servir avec dévouement le Roi et la patrie. »

blement traitée ; il ne put vaincre les jalousies, les intrigues, les susceptibilités et les perfidies de cette foule de valets en crédit qui ont entouré le prince de leur fatal dévouement, jusqu'au jour où leur intérêt a été de le trahir ou de l'abandonner. Il est inouï tout ce qu'on employa de moyens dans le *cabinet* de M. le dauphin pour réduire les effets de la munificence royale, qui, dans cette occasion, eût été moins une faveur accordée qu'une dette acquittée. On persuada au prince que l'on ne devait pas traiter aussi magnifiquement les vainqueurs d'Alger que les vainqueurs du Trocadero, et qu'une armée commandée par un lieutenant-général, ne pouvait pas être récompensée comme une armée commandée par l'héritier de la couronne ; on ne croirait pas à de pareilles inepties et à de semblables pauvretés, si ce que nous avons vu pendant quinze ans ne nous avait appris tout ce que peuvent contenir de sottise, de lâcheté et d'infamie les antichambres de Saint-Cloud et des Tuileries.

Le travail qu'on renvoya à M. de Bourmont n'accordait pas le quart des récompenses qu'on devait légitimement aux belles actions de la campagne. Ce travail avait été cependant fait par le général en chef avec cette loyauté et cette délicatesse dont il a donné tant de preuves dans son commandement et dans son ministère (1). Il n'était que le résumé des rapports des généraux de division et des généraux de brigade. M. de Bourmont fut cruellement trompé dans son attente, et l'armée s'aperçut du violent chagrin qu'il éprouvait, dans la revue qu'il passa, le 12, des deux premières divisions, sur la

---

(1) Jamais ministre de la guerre n'a été plus réservé dans ses faveurs ; on ne pourrait pas citer de M. de Bourmont un seul passe-droit. Son fils Amédée était lieutenant depuis plus de quatre ans, il avait été présenté par l'inspecteur-général, demandé par le colonel d'un régiment de l'expédition, et il ne put obtenir le grade de capitaine; *une ordonnance s'y opposait*. Il a été tué avec l'épaulette de lieutenant.

plage, entre le fort de Babazoun et l'embouchure de l'Aracht, sur le lieu même du débarquement de Charles-Quint. Il ne put offrir à ses braves soldats que de nouveaux éloges et un nouveau tribut d'admiration ; il ne put pas distribuer une seule croix, pas annoncer un seul grade; on ne s'était pas même donné la peine de répondre à la demande de 3 millions qu'il avait faite, pour être distribués en gratification à une armée qui venait d'en conquérir cinquante, et d'enrichir la France de la plus belle région de l'Afrique (1)!

(1) Je sortais de chez M. de Bourmont, au moment où M. le duc d'Escars y entrait, suivi du général Berthier. Le duc s'était acquis, dans cette campagne, l'estime et la confiance de l'armée; il ne vint pas faire la guerre en grand seigneur, il la fit en soldat, avec une bravoure sans ostentation, une simplicité de manières et une sévérité de service qu'on aurait remarquées dans un vieux troupier. Il commandait la 3e division. Fatigué d'attendre en seconde ligne l'ennemi, il sollicita du général en chef le droit de combattre à son tour. Il partit, avec sa division, de Sidi-Ferruch, le 24 au soir, et, depuis ce moment jusqu'à la prise d'Alger, ne quitta plus les avant-postes. Il contribua au succès

— En sortant de chez M. de Bourmont, je trouvai les galeries qui lui servaient d'antichambre remplies de monde. Le fils du bey de Titteri venait y solliciter la faveur d'une audience pour son père, qui, en offrant sa soumission, méditait déjà l'infâme trahison de Bélida. Le consul anglais, M. de Saint-John, venait prendre les derniers arrangemens pour le départ du dey, qui avait changé de projet, et avait demandé à aller à Naples, au lieu d'aller à Livourne ; il devait partir le soir même ; un grand nombre

des journées du 28 et du 29, et soutint tous les travaux du siége du fort de l'Empereur. Après avoir donné des preuves éclatantes de son courage, il en a donné d'honorables de sa fidélité. Lorsque les évènemens de juillet furent connus à Alger, il se démit sur le champ de son commandement et, après avoir frété à ses frais un petit bâtiment marchand, il se rendit en Espagne, et de là auprès de ses anciens maîtres.

Le général Berthier de Sauvigny a soutenu, dans cette campagne, la réputation qu'il s'était acquise dans la garde ; il s'est montré partout brave et excellent officier. En rentrant en France, au mois d'août, il a accompli son dernier devoir, en envoyant du lazaret sa démission au ministre de la guerre du roi Louis-Philippe.

d'autres personnes de distinction attendaient l'heure du déjeuner du général en chef, dont la table était toujours nombreuse ; il en faisait les honneurs avec une grande générosité, et il les faisait à ses dépens (1).

(1) M. de Bourmont vécut, pendant toute la campagne, avec noblesse et dignité, et sans calculer si sa représentation était juste en rapport avec le traitement qu'on lui passait, *selon les ordonnances;* ce qui n'a pas empêché un journal de dire qu'il avait *donné des bals avec l'argent de la Cassauba.* D'abord, M. de Bourmont n'a pas donné de bals, il n'était pas dans une disposition d'esprit à se donner ce passe-temps; et eût-il pensé à le faire, il aurait été obligé de faire danser ses officiers entre eux, puisqu'il n'y avait pas à Alger une seule femme à inviter à ces bals. Quant aux dépenses de sa table, elles ont été payées par lui ; car *le Moniteur* nous a appris que, *depuis le* 1er *juillet, il n'avait reçu aucun traitement du trésor.* Ces détails d'argent sont misérables, et bien dignes de l'époque mesquine et matérielle où nous vivons : il fallait la révolution de juillet, pour qu'un conseil municipal vînt réclamer du vainqueur d'Alger *dix-sept cents francs pour frais de logement à Toulon.* J'étais dans la calèche de M. de Bourmont, quand ce même conseil municipal vint à la porte de la ville, le 27 avril, offrir au général en chef de l'armée d'Afrique un logement dans l'hôtel de la mairie ; on *le pria de l'accepter comme un témoignage de l'estime profonde des Toulonnais pour sa personne.* On tint juste ce qu'on lui avait offert, un simple logement, car il ne s'y trouva pas une assiette,

Parmi ceux qui se promenaient dans la galerie était le vieux Brassewitch, premier interprète de l'armée, qui avait partagé mon logement à Torre-Chica. Je le trouvai changé : ses traits, si calmes quand je l'avais vu la première fois, avaient pris une expression d'exaltation que je ne m'expliquais pas ; il y avait dans toute sa personne quelque chose de convulsif qui devait être causé par une grande irritation nerveuse. « Vous êtes éton-
« né, me dit-il, de me voir dans cet état ;
« c'est la suite de l'émotion profonde que

pas un gobelet. A huit heures du soir, les domestiques du général furent obligés d'aller courir la ville pour acheter du pain, du vin et une volaille froide pour son dîner et celui de ses aides-de-camp. Les cantines n'étant pas arrivées, on fut obligé de manger sans nappes, sans serviettes, sans couteaux et sans fourchettes. Le lendemain, on loua un service de table à un marchand de porcelaines ; et, pendant tout le temps de son séjour, M. de Bourmont, qui eut tous les jours quinze et vingt personnes à déjeûner et à dîner, fit, *à ses dépens*, les honneurs de sa table aux autorités civiles et militaires de la ville. J'ai dû donner ces détails, pour mettre un terme aux inconvenantes plaisanteries sur les dépenses de M. de Bourmont à Toulon et à Alger. (*Voir*, aux pièces justificatives, la lettre de M. de Lamire.)

« j'ai éprouvée dans la journée du 4. Vous
« ne savez peut-être pas que c'est moi qui ai
« fait la capitulation, au péril de ma vie. J'é-
« tais auprès du général en chef dans l'a-
« près-midi, quand Boudarba et Sidi-Mus-
« tapha vinrent y demander à traiter au nom
« du dey. On ne s'accordait pas sur l'*ulti-*
« *matum* du général en chef; il fallait quel-
« qu'un qui se dévouât pour aller l'intimer
« au dey, au milieu de son divan. Si c'eût
« été une mission militaire, on n'eût pas
« manqué d'officiers pour la solliciter; mais
« il fallait un interprète, et personne ne s'of-
« frait : on jouait sa tête dans cette ambas-
« sade. J'avais traité avec Mourad-Bey dans
« la campagne d'Egypte; je trouvai piquant
« de traiter avec Hussein dans celle d'Afri-
« que; je m'offris, et on m'accepta. En arri-
« vant à la Porte-Neuve, qu'on n'ouvrit qu'a-
« près beaucoup de difficultés, je me trou-
« vai au milieu d'une troupe de janissaires
« en fureur : ceux qui me précédaient avaient

« peine à faire écarter devant moi la foule
« de Maures, de Juifs et d'Arabes qui se
« pressaient à mes côtés, pendant que je
« montais la rampe étroite qui conduit à la
« Cassauba; je n'entendais que des cris d'ef-
« froi, de menaces et d'imprécations, qui
« retentissaient au loin, et qui augmentaient à
« mesure que nous approchions de la place.
« Ce ne fut pas sans peine que nous parvîn-
« mes aux remparts de la citadelle. Sidi-Mus-
« tapha, qui marchait devant moi, s'en fit ou-
« vrir les portes, et elles furent, après notre
« entrée, aussitôt refermées sur les flots de
« populace qui les assiégeaient. La cour du
« Divan, où je fus conduit, était remplie de
« janissaires; Hussein était assis à sa place
« accoutumée; il avait debout autour de lui
« ses ministres et quelques consuls étran-
« gers. L'irritation était violente. Le dey me
« parut calme, mais triste. Il imposa silence
« de la main, et tout aussitôt me fit signe
« de m'approcher avec une expression très-

« prononcée d'anxiété et d'impatience (1). « J'avais à la main les conditions du gé- « néral en chef, qui avaient été copiées par « M. Denniée sur la minute du général Des- « prés, écrite sous la dictée de M. de Bour- « mont. Après avoir salué le dey, et lui avoir « adressé quelques mots respectueux sur « la mission dont j'étais chargé, je lus en « arabe les articles suivans, avec un ton de « voix que je m'efforçai de rendre le plus « rassuré possible : 1° *L'armée française* « *prendra possession de la ville d'Alger, de* « *la Cassauba et de tous les forts qui en dé-* « *pendent, ainsi que de toutes les propriétés* « *publiques, demain 5 juillet* 1830, *à neuf* « *heures du matin (heure française)* (2).

(1) Lorsque Brassewitch fut envoyé à Alger, le dey avait déjà eu connaissance des conditions de la capitulation par un premier message de Boudarba et de Sidi-Mustapha ; il s'agissait d'expliquer les mots *se rendre à discrétion*, que le dey ne comprenait pas. C'est ce qui motiva la mission de Brassewicht. Ces mots furent supprimés dans la capitulation, avant son départ, et l'article rédigé différemment.

(2) Le dey obtint que la reddition n'aurait lieu qu'à dix,

« Les premiers mots de cet article excitèrent une rumeur sourde, qui augmenta quand je prononçai les mots *à neuf heures du matin;* un geste du dey réprima ce mouvement d'humeur. Je continuai : 2° *La religion et les coutumes des Algériens seront respectées; aucun militaire de l'armée ne pourra entrer dans les mosquées.* Cet article excita une satisfaction générale; le dey regarda toutes les personnes qui l'entouraient, comme pour jouir de leur approbation, et me fit signe de continuer. 3° *Le dey et les Turcs devront quitter Alger dans le plus bref délai.* A ces mots, un cri de rage retentit de toutes parts; le dey pâlit, se leva, et jeta autour de lui des regards inquiets; on n'entendait que ces mots, répétés avec fureur par tous les janissaires : « *El-mout! el-mout!* (la mort! la mort!)

heures, ensuite à midi. Il demanda encore, dans la matinée du 5, que l'entrée de l'armée fût retardée de deux heures; ce nouveau délai lui fut refusé.

« Je me retournai au bruit des yatagans et
« des poignards qu'on tirait des fourreaux,
« et je vis leurs lames briller au-dessus de
« ma tête. Je m'efforçai de conserver une
« contenance ferme, et je regardai fixement
« le dey : il comprit l'expression de mon re-
« gard; et prévoyant les malheurs qui al-
« laient arriver, il descendit de son divan,
« s'avança d'un air furieux vers cette multi-
« tude effrénée, ordonna le silence d'une
« voix forte, et me fit signe de continuer. Ce
« ne fut pas sans peine que je fis entendre
« la suite de l'article, qui ramena un peu de
« calme : *On leur garantit la conservation*
« *de leurs richesses personnelles; ils seront*
« *libres de choisir le lieu de leur retraite.*

« Des groupes se formèrent à l'instant
« dans la cour du Divan; des discussions
« vives et animées avaient lieu entre les offi-
« ciers turcs : les plus jeunes demandaient à
« défendre la ville. Ce ne fut pas sans peine
« que l'ordre fut rétabli, et que l'aga, les

« membres les plus influens du divan et le
« dey lui-même leur persuadèrent que la dé-
« fense était impossible, et qu'elle ne pour-
« rait amener que la destruction totale d'Al-
« ger et le massacre de la population. Le
« dey donna l'ordre que les galeries de la
« Cassauba fussent évacuées, et je restai seul
« avec lui et ses ministres. L'altération de
« ses traits était visible. Sidi-Mustapha lui
« montra alors la minute de la convention,
« que le général en chef nous avait remise,
« et dont presque tous les articles lui étaient
« personnels, et réglaient ses affaires parti-
« culières. Elle devait être échangée et rati-
« fiée, le lendemain matin, avant dix heu-
« res (1). Cette convention fut longuement

(1) « Convention entre le général en chef et S. A. le dey
« d'Alger :

« Les forts de la Cassauba, tous les autres forts qui dé-
« pendent d'Alger, et les portes de la ville, seront remis
« aux troupes françaises, ce matin à dix heures (heure fran-
« çaise).

« Le général en chef de l'armée française s'engage envers

« discutée par le dey et par ses ministres;
« ils montrèrent, dans la discussion des ar-
« ticles et dans le choix des mots, toute la
« défiance et la finesse qui caractérisent les
« Turcs, dans leurs transactions. On peut
« apercevoir, en la lisant, les précautions
« qu'ils prirent pour s'assurer toutes les ga-
« ranties désirables; les mots et les choses

« S. A. le dey d'Alger à lui laisser la libre possession de
« toutes ses richesses personnelles.

« Le dey sera libre de se retirer, avec sa famille et ses ri-
« chesses, dans le lieu qu'il fixera; et, tant qu'il restera à
« Alger, il sera, lui et toute sa famille, sous la protection
« du général en chef. Une garde lui sera donnée pour la
« sûreté de sa personne et celle de sa famille.

« Le général en chef assure à tous les soldats de la milice
« les mêmes avantages et la même protection.

« L'exercice de la religion mahométane restera libre. La
« liberté à toutes les classes d'habitants, leur religion, leurs
« propriétés, leur commerce et leur industrie ne recevront
« aucune atteinte; leurs femmes seront respectées : le général
« en chef en prend l'engagement sur l'honneur.

« L'échange de cette convention sera fait avant dix heures
« du matin; et les troupes françaises entreront aussitôt après
« dans la Cassauba, et successivement dans tous les forts de
« la ville et de la Marine.

« Au camp devant Alger, le 5 juillet 1830. »

« y sont répétés à dessein et avec affecta-
« tion ; et toutes ces répétitions, qui ne chan-
« geaient rien au sens, étaient demandées,
« exigées ou sollicitées avec les plus vives
« instances de la part des membres du di-
« van.

« Sidi-Mustapha copia en langue arabe
« cette convention, et la remit au dey avec
« le double en langue française, que j'avais
« apporté. Comme je n'avais pas mission de
« traiter, mais de traduire et d'expliquer, je
« demandai à retourner vers le général en
« chef, pour lui rendre compte de l'adhé-
« sion du dey, et de la promesse que l'é-
« change des ratifications serait fait le lende-
« main de grand matin. Hussein me parut
« très-satisfait de la conclusion de cette af-
« faire. Pendant que ses ministres s'entre-
« tenaient entre eux, sur les moyens à pren-
« dre pour l'exécution de la capitulation, le
« dey se fit apporter par un esclave noir un
« grand bol en cristal, rempli de limonade

« à la glace : après en avoir bu, il me le pré-
« senta, et je bus après lui. Je pris congé :
« il m'adressa quelques paroles affectueuses,
« et me fit reconduire jusqu'aux portes de la
« Cassauba par le *bachi-chiaouch* et par Sidi-
« Mustapha, son secrétaire. Ce dernier m'ac-
« compagna, avec quelques janissaires, jus-
« qu'en dehors de la Porte-Neuve, à peu de
« distance de nos avant-postes.

« Je revins au quartier-général avec une
« fièvre nerveuse, suite des émotions vio-
« lentes que je venais d'éprouver pendant
« plus de deux heures, et je ne fus pas du
« nombre des personnes qui se rendirent le
« lendemain matin, à sept heures, à la Cas-
« sauba, pour prendre les derniers arran-
« gemens sur la reddition des portes de la
« ville, des forts et de la citadelle. Cette
« mission fut confiée à M. de Trélan, pre-
« mier aide-de-camp du général en chef, et
« à MM. Lauxerrois et Huder, interprètes.
« On leur adjoignit le colonel Bartillat, qui

« remplissait les fonctions de commandant
« du quartier-général. »

Ce bon Brassewitch était encore fort ému en me racontant tous ces détails, quoique les dangers qu'il avait courus fussent passés depuis plusieurs jours. Je crus deviner que ce qui augmentait surtout son irritation était la contrariété qu'il éprouvait de se voir, en quelque sorte, oublié : il avait vu organiser tous les services à Alger, sans qu'on eût songé à récompenser son zèle et son dévoûment dans la journée du 4. Le chagrin s'empara de lui, et vint augmenter l'intensité de sa névralgie : il y succomba quinze jours après son acte héroïque, dans un hôpital, oublié et presque sans secours.

On a beaucoup reproché à M. de Bourmont cette capitulation, même dans son armée : on s'accordait à trouver qu'il avait traité le dey, les Turcs et les Algériens avec trop de générosité. Ces reproches ne sont pas sans quelques fondemens ; cependant la conduite du général en chef, dans cette circonstance, peut être excusée sous plusieurs rapports. J'ai su d'une manière certaine que M. de Bourmont avait les ordres les plus positifs de hâter de tous ses moyens la conquête et la prise d'Alger ; il se liait à la précision de ces ordres des combinaisons politiques qui ne m'ont été que trop expliquées plus tard. Ce qu'il y a de bien sûr, c'est qu'il fallait que l'expédition réussît, et réussît dans un temps donné. M. de Bourmont avait subi avec un profond chagrin toutes les lenteurs de l'amiral (1), les retards du

(1) Toute l'armée était embarquée le 18 mai. Il est prouvé qu'avec le vent de nord-ouest, qui souffla pendant toute l'après-midi du 19, on aurait pu sortir de la rade. Le 20, au matin, l'escadre aurait été sous voile en pleine mer. En supposant six jours pour arriver devant Torre-Chica, nous aurions pu débarquer le 26. Si tout notre matériel nous eût suivi, en quatre jours, au plus, nous aurions été sous les remparts du fort de l'Empereur. Le 1er juin, les travaux du siège auraient commencé ; et, en calculant d'après ce qui est arrivé, le 5 juin Alger aurait capitulé, c'est-à-dire un mois plus tôt, et l'armée aurait perdu quinze cents hommes de moins dans les affaires de tirailleurs. Quant aux conséquences

départ, la mauvaise manœuvre devant Alger le 31 mai, les douze jours passés à louvoyer devant les îles Baléares, l'attente de notre convoi après le débarquement ; on ne doit pas être étonné que, lorsqu'il a été le maître de ses opérations, il ait cherché par tous les moyens à regagner le temps perdu. On pouvait à coup sûr, après la prise du fort de l'Empereur, imposer des lois plus dures au dey, frapper sur la ville d'Alger une contribution de guerre de plusieurs millions, exiger des Turcs une forte rançon ; mais n'était-il pas à craindre que les exigences du vainqueur ne les réduisissent au désespoir, et que le dey et sa brave milice ne voulussent s'enterrer sous les décombres de leur ville ? Deux fois Hussein, dans la matinée du 4, avait pris un pistolet pour aller mettre le feu

politiques, elles sont peut-être incalculables : les élections de 1830 auraient été faites sous l'influence de la conquête ; M. de Bourmont eût été de retour à Paris dans les premiers jours de juillet, et à coup sûr les fatales ordonnances n'auraient pas été rendues !

aux poudres de la Cassauba; il faut connaître les Turcs pour apprécier ce que leur désespoir peut avoir de redoutable ; leur dernière ressource eût été d'incendier la ville, et d'engloutir avec eux toutes leurs richesses : la conduite de M. de Bourmont a été ce qu'elle devait être pour conserver sa conquête dans tout son éclat et avec tous ses avantages (1).

Quand l'esprit de parti aura perdu toute influence sur l'opinion publique, l'expédition d'Afrique se montrera à la France comme

(1) Le seul reproche qu'on pourrait lui adresser, serait d'avoir négligé, dans la soirée du 4, après la capitulation, de faire garder par une brigade le bord de la mer, du côté de l'Arncht. Il est sorti d'Alger, par cette route, des richesses immenses, qui ont été dirigées vers Bone et vers Constantine.

On aurait pu aussi se montrer moins généreux envers le dey, et s'assurer de ce qu'il emportait avec lui, l'opinion générale étant qu'il avait avec lui pour 30 millions de valeurs. Des renseignemens plus certains qui m'ont été donnés par Bacry, me donnent lieu de penser que le dey est parti d'Alger avec 18 millions de fortune, dont 8 millions en bijoux, diamans et pierres précieuses.

l'évènement le plus glorieux et le plus fécond de l'histoire moderne. Quand le commerce, l'industrie et l'agriculture pourront jeter un regard sur cet immense continent, livré à toutes les ressources de leur génie, on jugera des avantages de notre nouvelle conquête ; l'avenir et la fortune de la France se trouveront peut-être dans ce dernier bienfait de la restauration, dans ce legs fait au royaume d'Henri IV par ses petits-fils, au moment de partir pour l'exil. Ce n'était pas une pensée ordinaire que celle qui a *placé une vaillante colonie dans le repaire des anciens pirates que l'Europe entière, pendant trois siècles, n'avait pu détruire* (1). A cette pensée, qui a été si heureusement fécondée, venaient encore s'en joindre d'autres. Le général qui avait dirigé l'expédition voulait proposer au roi de fonder à Alger une dotation pour la Légion-d'Honneur : il eût été

(1) Chateaubriand.

beau de voir notre jeune armée doter nos vieux soldats! Il voulait aussi lier d'une manière inséparable la France à nos possessions d'Afrique, en obtenant de l'Espagne, soit par concession, par achat ou par compensation de ce qu'elle nous doit, les îles Baléares, où nos vaisseaux auraient trouvé, à moitié chemin de leur voyage, des ports pour les abriter, et des forteresses pour les défendre.

Dans quelques années peut-être, quand la colonie d'Alger sera arrivée au plus haut degré de prospérité, que ses produits agrandiront notre commerce, que notre population y trouvera des ressources immenses et des fortunes faciles, le général qui a commandé l'armée d'Afrique, enrichi la France des trésors de la Régence, et payé cette conquête du sang de sa famille, mourra pauvre et proscrit sur une terre étrangère; on ira chercher le nom du *Maréchal de Bourmont* sur le pavé poudreux d'une chapelle de Westminster, où reposera son cercueil; et la France se vantera d'avoir un monument qui porte pour inscription : AUX GRANDS HOMMES LA PATRIE RECONNAISSANTE (1)!

(1) La postérité aura peine à croire qu'on ait eu l'injustice de contester à M. de Bourmont le titre de *maréchal de France*, gagné sur les champs de bataille d'Afrique, titre qui lui fut conféré par Charles X, dans la plénitude de sa puissance. Ce bâton de maréchal a été, à coup sûr, aussi légalement donné que celui de M. le maréchal Gérard, et aussi glorieusement mérité que celui de M. le maréchal Maison. L'armée d'Afrique accueillit par des acclamations unanimes cette noble récompense accordée à son général. *Tous les officiers* de l'armée se rendirent spontanément, le 19 juillet (le lendemain même du jour où la nouvelle de cette nomination fut apportée à Alger par le bateau à vapeur *le Sphinx*), à la Cassauba, pour féliciter le *maréchal de Bourmont* : *tous* étaient émus de la joie la plus vive; *tous* l'exprimaient à leur général, avec cet accent de franchise et de loyauté qu'on ne trouve que chez les militaires. Un seul homme était péniblement affecté; c'était M. de Bourmont : il ne répondait aux félicitations qu'on lui adressait, qu'en témoignant le chagrin qu'il éprouvait de ce qu'on avait pensé à lui avant de penser à son armée. Les perfides conseillers qui composaient ce qu'on appelait alors *le cabinet du dauphin*, avaient tout détruit, tout gâté; le mécontentement de l'armée d'Afrique entrait dans les calculs de ceux qui méditaient la révolution de juillet.

Je ne terminerai pas cet ouvrage, où j'ai cherché à faire dominer le sentiment de la vérité et de la conviction, sans relever une insinuation maladroite et injurieuse pour M. de Bourmont, qui se trouve dans un ouvrage écrit, du reste, dans de bonnes intentions et surtout avec bonne foi (a) : « La France regrettera peut-être un jour cette exigence des « partis, elle brise les hommes les plus utiles. M. de Bour- « mont eût pu rendre des services signalés, s'il n'eût pas été « forcé d'abandonner l'Afrique : *sa position lui eût fait con-* « *sidérer un séjour de quelques années à Alger comme un* « *honorable éloignement.* »

Je n'ai connu M. de Bourmont que pendant les trois mois que j'ai passés auprès de lui en Afrique, en qualité de son secrétaire. Je l'ai quitté à Alger, le 29 juillet, pour retourner en France ; mais j'ai conservé de lui une telle opinion, que je suis convaincu qu'à aucun titre, il n'eût consenti à accepter un commandement du roi Louis-Philippe : il obéit aux ordres que ce prince lui fit transmettre comme lieutenant-général du royaume nommé par Charles X. Ce devoir accompli, sa place était auprès de ceux à qui il avait voué depuis l'enfance son épée et sa vie ; il se rendit en Espagne sur un petit bâtiment autrichien, où lui et les deux fils qu'il ramenait eurent peine à trouver place (b). L'amiral refusa un bâtiment de l'Etat à l'homme qui, quelques jours auparavant, commandait une armée victorieuse, et donnait des ordres à une flotte de cent vaisseaux.

(a) *Coup-d'œil sur la campagne d'Afrique en* 1830. Paris, 1831. Un vol. in-8º. Chez Delaunay et Dentu.

(b) Aimé de Bourmont, l'aîné de ses fils, n'était plus à Alger lors du départ de son père ; il était parti pour la France, avant la nouvelle des évènemens de juillet, pour aller porter a Charles X les drapeaux conquis pendant la Campagne

Pièces Justificatives.

N° I.

RAPPORT

SUR LES TRAVAUX DU GÉNIE POUR LE SIÉGE D'ALGER.

Le débarquement s'est fait le 14 juin, et la tranchée a été ouverte, devant le château de l'Empereur, le 29 du même mois. Voici sommairement les travaux exécutés pendant ce temps par le corps du génie :

La presqu'île de Sidi-Ferruch mise en état de défense au moyen d'une ligne retranchée de plus de mille mètres de développement; l'établissement dans cette place de fours souterrains, les premiers qui ont donné du pain aux troupes; le montage des fours en tôle; la construction de six fours en maçonnerie; le creusage de plusieurs puits ou abreuvoirs pour donner de l'eau aux hommes et aux chevaux ; l'exécution d'une route et de chemins latéraux sur une longueur de plus de seize mille mètres et une largeur de six mètres, dans un pays couvert et accidenté, où il existait à peine quelques mauvais sentiers ; la construction de neuf redoutes de fortes dimensions ; l'érection d'un blockhaus, et le crénellement de deux maisons pour protéger les communications ; l'ouverture de plusieurs chemins pour les manœuvres de l'artillerie aux affaires des 19, 24 et 29 juin ; l'établissement du camp retranché à Staoueli ; le débarquement complet du matériel du génie ; enfin, l'organisation de deux parcs provisoires pour ce matériel, entre Sidi-Ferruch et le château de l'Empereur.

Le 29, à midi, après une marche des plus pénibles pour l'armée, un bataillon du 49ᵉ de ligne, avec quatre pièces de canon, avait pris position en avant du consulat de Hollande, derrière la crête qui domine le château : elle en est à la distance de cinq cents mètres environ. A deux heures, le général commandant du génie, après avoir reconnu les lieux, ordonna d'occuper militairement, en les crénelant, cinq maisons situées à la distance apparente de cinq à six cents mètres du château, entre le consulat de Suède à droite, jusque vis-à-vis le mamelon coté (100) par Boutin, sur notre gauche ; de se loger sur un plateau très-rapproché des murailles du fort, et de rallier entre eux les différens points occupés, en suivant les crêtes autant qu'il serait possible. Cette manière de former nos premiers établissemens semblait indiquée par la configuration même du terrain, dont les pentes en deçà des crêtes étaient toutes dérobées aux vues du château. Plusieurs communications existantes servaient à parcourir, sans être vu, l'espace embrassé par nos attaques. Elles consistaient en sentiers tels qu'on en voit généralement dans le pays, avec un bourrelet de chaque côté, surmonté de haies d'aloës et d'arbustes. Nos deux ailes étaient assez bien appuyées, à droite par des escarpemens considérables près du consulat de Suède et par un camp posté en arrière, et sur la gauche par des pentes rapides que devaient protéger des batteries placées sur l'un des contreforts de la hauteur des signaux, à l'endroit coté (100).

Quoique les fatigues de la journée du 29 ne permissent de disposer, pour l'ouverture de la tranchée, que d'un bataillon de travailleurs et de deux bataillons pour la garde, on n'en procéda pas moins à l'exécution du projet d'attaque. Les maisons furent occupées sans résistance sérieuse par les compagnies de voltigeurs et de grenadiers, précédées de détachemens de troupes du génie ayant leurs officiers en tête. Au jour, nous étions établis sur un développement de mille mètres environ.

L'ennemi, découvrant nos travaux et nous apercevant si près de lui, fit un feu terrible : il le dirigea surtout contre le logement avancé du centre, qui n'était qu'à la distance de deux cents et quelques mètres de ses batteries. Le parapet de ce logement n'avait pas une hauteur suffisante partout; et s'il était assez épais pour résister aux boulets, il ne pouvait empêcher les coups plongeans, de bombes et autres projectiles, de labourer son terreplein. Le lieutenant Richard, de la 4ᵉ compagnie du 2ᵉ régiment du génie, reçut un éclat de pierre à la poitrine, et les deux sapeurs Caparan et Lorrain furent également blessés. On s'était porté à ce logement en se servant d'un des sentiers dont il a été parlé : il formait une assez bonne communication du moment; mais en arrivant on était obligé d'en sortir à découvert pendant une trentaine de mètres : on ne put dans la nuit, faute de temps et de bras, y pratiquer une tranchée; cela fit décider que l'on quitterait ce travail jusqu'à la nuit suivante, en laissant des postes dans le voisinage pour le protéger. Au moment de la retraite de nos travailleurs, l'ennemi sortit contre eux; mais, vigoureusement repoussé, il se borna à redoubler le feu de son artillerie. C'est quelques instans après, et à une distance assez grande du logement abandonné, que le chef de bataillon du génie Chambaud, relevant son camarade Vaillant dans le service de tranchée, fut atteint d'un biscaïen à travers le corps. Cette blessure, dont il est mort le 8 juillet à Alger, a privé le corps du génie d'un officier du mérite le plus distingué. Il était rempli de connaissances et de talens; à l'expérience de la guerre et au plus grand sang-froid il joignait un zèle et une activité à toute épreuve ; enfin, il avait l'affection de tous ses camarades.

Le feu de l'ennemi se fit sentir jusque dans l'intérieur des maisons crénelées, qui, étant en évidence, attiraient le plus son attention ; cependant on y avait laissé peu de monde : en général, on avait retiré les travailleurs de tous les points où le feu de l'ennemi était trop meurtrier, et les gardes de tranchée furent presque toutes placées dans les plis du terrain et dans les portions de logement assez avancées pour servir d'abri : il y en avait très-peu où l'on fût à couvert, parce que l'on avait rencontré le tuf à la profondeur de trente centimètres.

Au résumé, la journée du 30 se passa à perfectionner une partie du travail de la nuit précédente, et à pratiquer sur les pentes de notre côte des communications que l'on pouvait considérer comme de véritables tranchées, car les hauteurs couvrantes en représentaient les parapets. On se donna pour condition, en les traçant, d'éviter autant qu'on le pourrait les longues branches dans la direction du tir du château. On a remarqué, en effet, que des hommes ont été tués ou blessés par des coups perdus, sur des parties du chemin qu'on n'avait pu soustraire à cet inconvénient.

Dans la nuit du 30 juin au 1ᵉʳ juillet, on reprit tous les travaux suspendus depuis le jour, surtout le logement avancé au centre. On en commença un nouveau en arrière de la maison crénelée, à notre extrême droite, dans le but d'éclairer le vallon profond entre elle et le consulat de Suède. Une tranchée fut poussée à gauche de la maison, jusqu'à la route romaine; elle fut reliée avec celle du centre, et la route fut coupée par un parapet en sacs à terre et gabions.

A la gauche des attaques, on s'étendit aussi loin que possible sur l'extrémité d'un plateau alongé, où l'artillerie désirait établir une batterie de revers contre le château.

La journée du 1ᵉʳ juillet fut consacrée à l'élargissement des tranchées, au réépaississement des parapets, et en général au perfectionnement de tout ce qui a été fait précédemment; on poursuivit l'achèvement de toutes les communications, en soignant particulièrement celles par lesquelles on devait amener l'artillerie. Le dépôt de tranchée fut définitivement installé sur un revers du terrain où, tout en étant à portée des travaux, il était moins en prise au feu de l'ennemi que dans les positions précédentes.

Dans la matinée de ce jour, nous eûmes encore le chagrin de voir rapporter blessé le chef de bataillon Vaillant, qui avait monté la première tranchée le 29, et avait continué de diriger les travaux avec autant de talent que d'ardeur. Il venait d'être frappé d'un biscaïen à la jambe. Sa blessure, large et grave, puisqu'elle était accompagnée d'une fracture, ne donne heureusement pas d'inquiétude pour ses jours.

La direction des attaques fut alors remise à M. le chef de bataillon Lenoir, commandant les troupes du génie attachées à l'expédition. Il restait encore un officier supérieur faisant partie de l'état-major du génie, M. le commandant Lemercier ; mais il était chargé de l'importante fonction de directeur du parc à Sidi-Ferruch, et d'en expédier tout le matériel nécessaire pour le siége : d'ailleurs, dans ce moment, il souffrait des suites d'un accident.

Depuis le 1er jusqu'au 3 inclus, les travaux marchèrent sans interruption, et reçurent tout le développement dont ils étaient susceptibles. Une partie des tranchées, celles d'où l'on voyait le château, furent transformées en logemens à feux, afin d'y placer des fusils de rempart. On comptait inquiéter par ce moyen les canonniers ennemis, qui jusque-là avaient tiré en toute sécurité. L'attention fut portée sur notre extrême gauche, que l'ennemi venait continuellement assaillir en se glissant à travers les ravins environnans et les broussailles qui les recouvrent. Une batterie de six pièces, que l'on construisait sur ce point, obligeait à s'en rendre tout à fait maître. Un officier du génie fut envoyé à la division Berthezène, campée à portée des plateaux (100); et avec deux cents outils et les fantassins mis à sa disposition, il établit sur ce plateau l'épaulement d'une batterie et trois autres petits épaulemens pour la fusillade, tout cela flanquant notre extrême gauche. Afin d'obtenir une protection plus immédiate à cette extrémité, il fut tracé un petit logement fermé, couronnant le bout arrondi du plateau où se trouvait la batterie. L'ennemi ne le laissa pas faire sans venir nous inquiéter. Le 3, entre autres, il y mit tant d'acharnement, qu'il parvint à entrer dans l'ouvrage pendant que les travailleurs prenaient les armes, et avant que les hommes de garde se fussent avancés. Il fut promptement chassé, en laissant des morts et des blessés ; mais il n'en continua pas moins une fusillade assez vive. Enfin, profitant d'un pli de terrain dérobé à la vue du logement, quelques-uns vinrent s'y poster, et nous insultèrent à coups de pierres lancées à la main. Alors le capitaine du génie Faureau, réunissant les sapeurs et quelques soldats de la ligne, sortit contre eux, et les mena battant une centaine de pas. Le sapeur Polisse fut seul blessé dans cette action. A partir de là, on fut plus tranquille. Tous les moyens accessoires de défense dont on pouvait disposer furent mis en usage pour renforcer ce petit logement : deux rangs de hérissons-lances furent plantés sur son pourtour ; le sapeur Pierron plaça le second rang en plein jour, sous le feu de l'ennemi, avec autant de résolution que d'adresse.

Notre droite, protégée efficacement, comme on l'a déjà dit, par la position de nos troupes en arrière, fut néanmoins renforcée, autant qu'elle le comportait, par la construction et l'amélioration de divers logemens.

Durant cette période de l'attaque, ainsi que pendant tout le reste du siége, l'ennemi lança une grêle de projectiles. La forme du terrain occupé par les attaques le dérobait, il est vrai, à leur effet direct ; mais dans le grand nombre de coups, beaucoup atteignirent, en plongeant, les travailleurs et les gardes de tranchée, ramassés sur un espace étroit. C'est ainsi que le capitaine Gibon, de la 2e compagnie du 1er régiment du génie, et le lieutenant Richard, du 2e, furent blessés, mais légèrement.

Enfin, le 4 au matin, quand l'artillerie a ouvért son feu avec ses six batteries, nous avions achevé un développement de tranchée de deux mille mètres environ ; des communications sûres et faciles pour l'artillerie et l'infanterie conduisaient partout où l'on avait besoin d'aller; et nous étions en mesure, en nous aidant des couverts qu'offrait le terrain, de venir à la nuit occuper une crête située à quatre-vingts mètres de l'emplacement où devait se faire la brèche. Il fallait, au préalable, nous emparer d'une maison crénelée d'où l'ennemi voyait cette crête de revers et de très-près. L'artillerie avait promis de l'ouvrir en dirigeant sur elle quelques-unes de ses pièces.

Vers neuf heures, l'ennemi fit sauter le château de l'Empereur en mettant le feu à ses poudres. Les officiers de tranchée, suivis des travailleurs, se portèrent aussitôt sur les ruines. Le général commandant du génie arriva en même temps, et ordonna, comme première disposition, de fermer l'entrée du côté de la ville, de déblayer le pied de la seule brèche existant sur le long côté ouest, et d'en couronner le sommet par une gabionnade surmontée de sacs de terre; et enfin de dégager l'intérieur du fort, pour se porter facilement sur toutes les parties de son enceinte. Des troupes furent placées dans une espèce de tranchée pratiquée par l'ennemi au sommet des glacis du fort; et l'on se mit à l'élargir, afin de la rendre réellement défensive dans la partie qui regardait la ville. Une communication latérale à la route romaine fut bientôt établie, pour éviter les nombreux mauvais pas qu'on rencontrait en descendant vers le château.

A deux heures de l'après-midi arrivèrent deux envoyés du dey, avec lesquels on convint d'un armistice jusqu'à sept heures du soir.

Pendant les pourparlers, une compagnie d'infanterie envoyée en tirailleurs sur notre droite, ne rencontrant aucune résistance, descendit progressivement vers le fort Babazoun, et n'apercevant point de défenseurs derrière ses parapets, conçut l'idée d'y entrer. Dès que du haut du château de l'Empereur on eut reconnu l'intention de cette troupe, un détachement de sapeurs et des officiers du génie furent envoyés pour la seconder; mais à peine étaient-ils à moitié chemin que des coups de canon et de fusil, tirés sur la compagnie au moment où elle allait atteindre le pied des murailles du fort, firent tout rétrograder. Si l'on avait eu le temps de faire venir du dépôt de tranchée quelques échelles d'escalade ou quelques sachets de poudre pour faire sauter la porte, on aurait sans doute assuré le succès de cette petite expédition, dont le résultat eût été de nous mettre en possession complète de la principale issue de la ville sur la campagne.

La suspension d'armes pouvant se terminer autrement que par un arrangement, il fut ordonné de continuer les travaux d'attaque contre la ville.

Une reconnaissance fut faite par le général commandant le génie jusqu'à la hauteur des Tagarins, à environ deux cent cinquante mètres de la Cassauba. Peu de temps après, des officiers tracèrent une communication pour arriver du château à cette hauteur sans être vus de la ville. On fit venir du parc du génie un approvisionnement de pelles, pioches, gabions, sacs à terre et autres objets.

A la nuit, le commandant Lemercier, arrivé de Sidi-Ferruch, réunit sous ses ordres quinze cents travailleurs et trois cents sapeurs, et fit exécuter à la sape volante un logement de deux cents mètres de développement sur les hauteurs des Tagarins, et un autre de trois cents mètres au pied des glacis du château. Ces deux logemens étaient reliés entre eux par la communication dont il vient d'être question, laquelle fut également mise à exécution.

L'ensemble de cette opération, conduite avec vigueur et intelligence, donna pour résultat au jour un développement de tranchée de plus de treize cents mètres.

C'est ainsi que le 5 au matin on menaçait la Cassauba et l'on se trouvait en mesure d'agir contre elle, lorsque la reddition de la ville fut annoncée.

Depuis le commencement du siége, sans jamais interrompre le roulement de service des tranchées, des officiers du génie, avec des détachemens de nos troupes, tracèrent et firent exécuter à travers les jardins un chemin latéral à la route romaine, dont l'encaissement et le peu de largeur offraient de grandes difficultés aux charrois, et auraient pu, dans l'occasion, amener des encombremens.

Plusieurs autres furent détachés pour reconnaître et lever l'emplacement du camp de divisions de siége, et pour déterminer les ouvrages d'une ligne de circonvallation. Déjà on avait commencé à y mettre la main.

Des ateliers de gabions et de fascinages furent montés sur l'emplacement du parc du génie ; et au moyen de bois ramassés dans les haies et les jardins, on était parvenu à en faire confectionner une assez grande quantité pour qu'en les joignant à ce qui était venu de France, on fût certain de n'en pas manquer pour les opérations du siége de la ville.

Tel est l'exposé succinct et rapide des travaux du corps du génie, depuis le 14 juin, que l'armée a débarqué, jusqu'au 5 juillet, jour de notre entrée dans Alger.

Le maréchal de camp commandant le génie à l'armée d'Afrique,

VALAZÉ.

N° II.

NOTE

SUR LE TRÉSOR DE LA CASSAUBA.

Le trésor de la Cassauba a été l'objet d'une foule de divagations et d'hyperboles plus ridicules les unes que les autres ; on en a fait une des merveilles des *Mille et une Nuits ;* ce n'étaient que souterrains remplis d'or, d'argent et de pierreries. Voici les détails les plus authentiques que j'ai pu réunir, sur ces économies séculaires des deys d'Alger (1) :

(1) Les contes sur les trésors mystérieux sont de tous les temps. Lors de l'expédition d'Egypte, Buonaparte fut soupçonné par toute l'armée d'avoir détourné à son profit les trésors des Pharaons, cachés dans les pyramides : cette absurde calomnie était si répandue parmi les troupes, que, lorsque Junot retourna en France quelques mois après son général, il fut accusé d'être resté exprès pour emporter les *immenses trésors* que Buonaparte n'avait pu embarquer avec lui. Les soldats nommèrent des commissaires, chargés d'aller visiter à bord les effets de Junot, ils brisèrent une grande caisse, placée dans l'entrepont, qu'ils croyaient renfermer *les trésors*, et qui ne renfermait que les outils du maître charpentier. (*Voir* les *Mémoires de Mme la duchesse d'Abrantès*, t. 2, p. 225.)

Les valeurs composant le *Hasnah* (trésor de la régence) étaient, avant le règne du dey Aly-Codgia, renfermées dans les souterrains de l'ancien palais des deys, situé dans la basse ville. D'après les conseils d'Hussein, alors son confident et son premier ministre, Aly prit la résolution, pour sa sûreté, d'aller habiter la Cassauba.

Cet arrangement eut lieu dans le mois de décembre 1817. On employa soixante-seize voyages de mulet pour le transport de l'or, et quatorze cents voyages pour le transport de l'argent.

On estimait à 3 quintaux la charge de chaque mulet; ce qui donnait 228 quint. d'or ou 11,159 kil., qui, au titre de 900 à raison de 3091 fr. avec la retenue faite au change (1), donne une valeur de . . . . 34,492,469 fr.

Quatorze cents voyages d'argent à 3 quintaux donnent 3120 quintaux ou 152,724 kilog. d'argent, qui, au au titre de 900, vaut, avec la retenue faite au change, 200 fr. le kilog., et donne. 30,544,800

Total approximatif de la valeur de l'Hasnah. . . . . 65,037,269 fr.

(1) Ces évaluations sont faites d'après le tarif de la valeur des matières d'or et d'argent, qui se trouve dans l'*Annuaire du bureau des longitudes de* 1831.

D'autre part.	65,037,269 fr.

Il faut ajouter à ces valeurs celle des bijoux et objets précieux, qui furent remplacés plus tard par le dey, par une somme en numéraire de. 3,500,000

Total général. . . . . 68,537,269 fr.

Il faut déduire de ce total la différence des titres des monnaies turques d'argent, qui ne s'élèvent guère qu'au titre de 500, et les déficits avoués par le kasnadjy, qui, par suite des sommes que les besoins de l'Etat avaient mis dans la nécessité de puiser dans le trésor, devaient s'élever, depuis 1818, à. . . 18,000,000

Il restait donc dans le trésor, à notre entrée dans la Cassauba, environ. . . . . 50,537,269 fr.

On sent ce que cette évaluation a de vague et d'incertain : des valeurs d'or et d'argent calculées par des *à peu près* de charges de mulets, ne peuvent pas donner un résultat bien exact; les assertions mêmes du kasnadjy étaient aussi éventuelles. Voici ce qu'il y a eu de plus sûr et de mieux constaté:

Dès que le général en chef fit son entrée dans la

Cassauba, entouré de tout son état-major, il trouva le kasnadjy dans la cour du Divan, qui l'attendait pour lui présenter les clés du trésor et lui en faire prendre possession. Ces clés furent remises à l'instant même, par M. de Bourmont, à MM. Denniée, intendant en chef, Firino, trésorier de l'armée, et au général Tolozé, qui avaient été nommés membres de la commission des finances. Ces messieurs s'occupèrent à l'instant même de faire mettre, en présence de tout le monde, les scellés sur toutes les portes du trésor (1).

On procéda dès le lendemain à l'inventaire et à la reconnaissance des valeurs; des officiers d'état-major furent désignés pour aider dans ce travail les membres de la commission; on pesa toutes les monnaies, et une douzaine de sous-officiers d'artillerie furent employés à placer l'or et l'argent dans des caisses ficelées, cachetées et marquées d'un numéro d'ordre. Un inventaire indiquait les

---

(1) Il y a autant de lâcheté que de perfidie à avoir fait planer un soupçon d'infidélité sur M. de Bourmont, dont la conduite, dans cette campagne, a été un modèle de loyauté et de désintéressement. Il paraît, du reste, qu'il n'était permis qu'aux généraux de la révolution de s'enrichir aux armées, car ce n'était pas, certainement, avec les 15 mille francs d'appointemens que la république leur donnait, que les Masséna, les Brune, les Augereau, et vingt autres aussi fameux, avaient amassé leurs fortunes de na-

valeurs contenues dans chaque caisse, numéro par numéro. On trouva dans le trésor
une valeur effective de . . . . . . 48,684,527 fr.

Cette somme fut expédiée pour la France de la manière suivante :

En or sur *le Marengo*, 13,218,598 f.
— sur *le Duquesne*. . 11,550,000
En argent sur *le Scipion*. 5,100,600
— sur *le Nestor*. . . 10,240,000
— sur *la Vénus* . . . 3,289,600

Total des sommes envoyées en France. 43,398,798 f.
On garda pour les besoins de l'armée. 5,285,729 } 48,684,527 fr.

Cette somme, d'après l'inventaire dressé par la commission, était répartie de la manière suivante :

« La première salle, coupée vers le milieu par

babs. Buonaparte lui-même, dont la probité n'a jamais été révoquée en doute, revint de l'armée d'Italie avec 3 millions et de très-beaux diamans, sur lesquels le bon sens public ne fit jamais la moindre observation. Toutes les calomnies se sont accumulées contre la seule expédition militaire qui, depuis quarante ans, ait profité à la France. Que nous reste-t-il, aujourd'hui, des conquêtes de la Hollande, de l'Italie, du Hanovre, du Piémont, de l'Espagne, du Portugal, de l'Egypte ? La seule conquête, riche, grande, féconde, qui soit en notre pouvoir, c'est la conquête d'Alger : à la vérité,

« une cloison de trois pieds, contenait des boud-
« joux, monnaie d'Alger qui vaut 3 fr. 72 c.

« Une seconde porte fut ouverte, puis une troi-
« sième donnant dans une salle transversale, éclai-
« rée par une fenêtre à barreaux (1) en fer, ouvrant
« sur la galerie du Divan. Cette salle renfermait
« trois coffres formant banquettes. Ces coffres con-
« tenaient des boudjoux, de la monnaie de billon
« et des lingots d'argent.

« Trois portes également séparées, s'ouvrant au
« moyen d'une même clé, fermaient trois pièces
« obscures, coupées, comme la première salle, par
« des compartimens en bois. Celle du milieu ren-
« fermait des monnaies d'or jetées pêle-mêle, de-
« puis le *roboa-soltani* (3 fr. 80 c.) jusqu'à la dou-
« ble quadruple du Mexique (168 fr.). Il y avait
« 24 millions en or.

c'est une conquête de la restauration, et le fruit des victoires d'un général royaliste, qui doit expier ce crime envers
la France de juillet par l'exil et la misère. *Le Moniteur*
vient d'annoncer *officiellement* que, depuis le 1er juillet 1830,
M. de Bourmont ne recevait aucune espèce de traitement;
mais, en revanche, M. de Bourmont a envoyé d'Alger 48 millions, qui ont servi, dans la pénurie où s'est trouvé le trésor
après la *grande semaine*, à empêcher que les traitemens de
MM. les maréchaux Soult, Maison et Gérard éprouvassent
aucun retard.

(1) Cette salle est indiquée sur le plan de la Cassauba par
deux 3.

« Les deux autres caveaux latéraux renfermaient,
« l'un des *mokos* ou piastres de Portugal, le second
« des piastres fortes. Il y avait en argent 24 millions.

« La commission, après s'être assurée qu'il n'y
« avait pas d'autre issue que la porte principale, re-
« ferma toutes les portes soigneusement, y apposa
« les triples scellés, et fit placer dans la galerie un
« poste permanent de gendarmerie, commandé par
« un officier. »

Toutes les opérations de la commission des finances furent faites avec publicité. Les chargemens se préparaient dans la cour du Divan, en présence de tout le monde; et les gens chargés de porter les caisses à bord des bâtimens, étaient toujours escortés d'un employé du trésor.

Peu de personnes se doutent peut-être que le poids d'un million en or est de six cent soixante-six livres, et le poids d'un million en argent de dix mille livres. Il faut à peu près quatre hommes pour porter un million en or, et soixante-dix ou quatre-vingts hommes pour porter un million en argent.

Les sommes qu'on trouva dans le trésor de la Cassauba étaient si loin de celles qu'on s'attendait à y trouver, qu'on crut pendant quelques jours que cette citadelle renfermait quelque casemate, quelque souterrain ou quelque lieu secret qui contenait de grandes valeurs. Shaler, d'après des *on dit*, évaluait le trésor à 50 millions de dollars (environ 271 millions fr.). Un Mémoire envoyé en l'an XI au gouvernement français, l'évaluait à 100 millions. Toutes ces exagérations disparaissent devant la réalité.

Pour n'avoir rien à se reprocher, les membres de la commission mandèrent le kasnadjy, et le menacèrent d'une prison sévère s'il ne révélait pas le trésor caché de la régence. Le général Després, chef d'état-major-général, l'interrogea lui-même, ainsi que *Mustapha-Saiji*, trésorier maure placé près du kasnadjy, et *Mohamed-Ogel-Harji*, chargé d'accompagner le kasnadjy quand il ouvrait les portes du trésor. On n'en obtint aucun renseignement. Tous les trois offrirent de jurer sur le Koran que tout ce qu'on voyait était le trésor de la régence; et ils consentaient à ce qu'on fît tomber leur tête, si on trouvait dans la Cassauba un autre endroit secret qui contînt de l'argent.

Ce qui paraît bien prouvé, c'est qu'on ne tenait aucun compte pendant l'administration du dey, ni des entrées ni des sorties des sommes du trésor; qu'on y versait l'argent sans compter, et qu'on l'en tirait pour les besoins de l'Etat, sans registres ni écritures; que depuis vingt ans les dépenses avaient toujours excédé les recettes de quelques millions, et que ces déficits annuels, comblés avec les économies du trésor, l'avaient diminué considérablement, et avaient rendu fausses les évaluations qu'on en avait faites.

Tout cela rendait très-vraisemblable cette opinion des Algériens, qui disaient « qu'autrefois le « puits d'Ali débordait d'or, que depuis il fallut se « baisser beaucoup sur la margelle pour l'atteindre, et qu'à présent il fallait une longue échelle « pour y puiser. »

Enfin, en comparant les dépenses de l'expédition aux recettes obtenues par le trésor, et différens autres produits, voici le résultat qu'on peut donner comme certain :

Recettes.

Valeur du trésor.	48,684,527 fr.
En laines, denrées et marchandises de différens genres, environ.	3,000,000
En pièces d'artillerie de bronze, environ huit cents, au poids du métal seulement.	4,000,000
Total.	55,684,527 fr.

Dépenses de l'expédition.

Les dépenses de la guerre ne se sont élevées, jusqu'au 1er octobre, qu'à la somme de. . . . .   15,000,000 fr.

Les commandes faites à la maison Seillières pour quatre mois de

D'autre part. . . . . 15,000,000 fr.
vivres, calculés sur un effectif de trente-sept mille hommes et quatre mille chevaux, du 16 juin au 20 octobre, y compris les frais d'emballage, d'encaissement et de frêt des bâtimens, ci. 15,000,000

Le compte de la marine ne s'élève qu'à la somme de. 23,500,000

La dépense totale au 20 octobre, c'est-à-dire comptée plus de trois mois encore après la conquête, ne s'élève qu'à. . . . . 43,500,000 fr.

Résumé général.

La conquête a rapporté.	55,684,527 fr.
Les frais de l'expédition sont de	43,500,000
Bénéfice.	12,184,527 fr.

Sans compter des valeurs considérables en poudre et en projectiles de tous les genres; plus de douze cents pièces de fonte de tout calibre, et trois mille six cents lieues carrées de terrain enlevées à la domination turque sur la côte d'Afrique (1).

(1) La conquête s'étend, sur un littoral de cent quatre-vingts lieues, de Bonne à Oran, et, vers le Sud, sur une vingtaine de lieues, de la mer au pied du petit Atlas. Quand

N° III.

AVIS OFFICIEL

SUR L'ARMÉE D'AFRIQUE.

La prise d'Alger ou son trésor a été pendant long-temps le sujet des rapports les plus propres à flétrir la réputation d'hommes honorables employés à l'armée d'Afrique. Il n'est pas d'exagération, on est forcé d'en convenir, qu'on se soit épar-

la France voudra réellement coloniser Alger, tout ce pays lui appartiendra. Les Turcs en sont chassés pour jamais; les Maures ne demandent qu'à y vivre tranquilles sous la protection d'une administration française. Restent les tribus arabes, dont les unes seront aisément soumises, au moyen de quelques mesures vigoureusement prises, et en employant les ressources de la diplomatie et des traités d'échanges et de commerce. Quant aux autres tribus, plus hostiles et plus barbares, on peut, sans chercher à les réduire, les rejeter au-delà de l'Atlas au moyen de quelques établissemens militaires placés à l'embouchure des principaux défilés. On ne récusera pas l'opinion du général Clausel, qui vient à l'appui de ce que j'avance. Dans sa lettre au *Constitutionnel*, du 8 juin 1831, il disait : *Je puis vous assurer qu'avec deux mille hommes et quatre pièces de canon, tous les Arabes, Bédouins ou Kabyles, qui, contre toute vraisemblance, songeraient à venir nous attaquer, seraient facilement refoulés* gnée pour gendarmer l'opinion contre eux, et les présenter au jugement de leurs concitoyens comme coupables des plus audacieuses et des plus graves infidélités.

Le gouvernement ne pouvait rester indifférent à ces clameurs. Le trésor d'Alger devenu par la conquête la propriété du pays, il a dû s'assurer si cette propriété avait été violée, et si les hommes de sa confiance s'étaient rendus coupables d'infidélité.

Une commission d'enquête a été nommée. Cette commission a procédé avec un ordre, une exactitude et une impartialité remarquables ; elle s'est livrée aux opérations les plus minutieuses pour reconnaître la vérité ; et cependant elle a déclaré, dans sa conviction profonde, qu'il n'y a eu aucun détournement de fonds, aucune dilapidation du trésor de la régence ; et sans s'arrêter à quelques vices de forme dans la relation des faits, la commission proclame hautement que tous les bruits de soustraction et d'infidélité qui ont circulé dans le public, sont autant de fables dénuées de fondement ; et dans le sentiment profond de son devoir, elle se fait une loi de les démentir de tout le poids de l'autorité de sa mission.

de l'autre côté de l'Atlas. Voilà ce qu'il pense DE CETTE RICHE POSSESSION, DONT L'IMPORTANCE EST ENFIN APPRÉCIÉE.

ORDRE DU JOUR.

Du 22 octobre 1830.

Le général en chef éprouve une grande satisfaction en faisant part à l'armée du résultat de l'enquête faite à Alger, sur le prétendu pillage des trésors de la Cassauba.

La déclaration expresse de la commission est que rien n'a été détourné au trésor de la Cassauba, et qu'il a tourné, au contraire, tout entier au profit du trésor de France.

La commission a reconnu qu'on avait pris à la Cassauba quelques effets et quelques bijoux abandonnés par le dey et par des officiers de sa maison, et dont une partie avait déjà été prise par des Maures et des Juifs : c'est affligeant, sans doute ; mais il est consolant pour le général en chef d'avoir acquis la certitude que des soldats, des sous-officiers, des officiers de troupe et d'état-major ont remis au payeur des bijoux trouvés au milieu des hardes et des meubles en désordre.

Il a été commis aussi des désordres dans quelques maisons particulières par des hommes déshonorés, comme il s'en glisse toujours quelques-uns dans les armées.

En masse, l'armée n'a aucun reproche à se faire ; c'est une assurance que le général en chef aime à lui donner, qu'il aime aussi à donner à la France.

Les hommes qui ont pu s'avilir par des désordres particuliers, on les livre aux remords qui les poursuivent et les poursuivront sans cesse, et à la crainte non moins poignante d'être, comme ils le seront successivement, reconnus un peu plus tôt, un peu plus tard, pour les auteurs d'actions coupables, qui avaient donné lieu de supposer que le trésor public avait été pillé par l'armée.

Par ordre du général en chef,

Le lieutenant-général, chef de l'état-major-général,

M.-J.-R. DELORT.

On le voit, l'opinion s'était égarée dans de fausses conjectures. Espérons maintenant que, mieux éclairés, les hommes mêmes si soigneux à signaler les fautes des agens de l'armée d'Afrique, auront aussi tenu registre des services qu'ils ont rendus, et qu'ils sauront leur accorder la justice qu'ils méritent. (*Moniteur.*)

N° IV.

AU REDACTEUR DE LA QUOTIDIENNE.

Je lis, dans votre feuille du 5 de ce mois, quelqués lignes dans lesquelles vous parlez de nouveau de la prétendue dette contractée par M. le maréchal de Bourmont envers la ville de Toulon, pendant son séjour avant notre embarquement pour Alger.

Ce que vous dites à ce sujet, et l'offrande aussi généreuse que délicate qui a motivé votre article, me prouvent que, depuis l'époque où vous en avez parlé pour la première fois, il ne vous est arrivé de Toulon aucune des explications que, dans l'intérêt de la vérité et de l'honneur même de la ville, on aurait dû s'empresser de vous adresser.

A défaut des membres du conseil municipal, auxquels j'aurais cru faire injure en les prévenant dans cette occasion, je me présente pour éclaircir la question ; et j'ai d'autant plus droit de le faire, que c'est *moi* que M. le maréchal a chargé, au moment de l'embarquement, de satisfaire, dans toute leur étendue, aux dépenses que son séjour à Toulon aurait pu occasionner. Venons au fait : S. Exc. le général en chef fut logé à l'Hôtel-de-Ville de Toulon, avec deux de ses fils *seulement*, qui occupèrent la même chambre. Ses aides-de-camp et officiers d'ordonnance reçurent des billets de logement, comme le reste de l'état-major-général.

L'exécution des règlemens militaires ne fut pas même complète pour le logement du général en chef. On accorde *au soldat* la place au foyer domestique, et l'usage des ustensiles de la famille pour la préparation de ses alimens.

Une chambre au rez-de-chaussée, sans cheminée, sans aucun mobilier quelconque, fut la seule cuisine offerte au général en chef.

Des fourneaux de campagne de la marine furent empruntés *par lui* à l'Arsenal de la marine, et ses propres cantines fournirent les seuls ustensiles qui servirent à préparer ses modestes repas.

Aucune dépense quelconque de ce séjour n'a été laissée à la charge de la ville; je l'affirme sur l'honneur.

J'en appelle, entre autres, à ce marchand qui ne craignit pas de demander 250 fr. pour le loyer, pendant quinze jours, de quelques tasses à café, d'une théière et de quelques douzaines d'assiettes de porcelaine blanche, indépendamment du prix de ceux de ces objets qui se trouvèrent cassés.

S'il fait partie du conseil municipal actuel, il peut témoigner, vis-à-vis de ses collègues, du scrupule avec lequel le général en chef s'est empressé de satisfaire à toutes les réclamations qui lui furent faites.

Quelques dépenses préparatoires ont pu être jugées nécessaires pour rendre l'appartement de la mairie susceptible de recevoir le commandant en chef de l'armée d'Afrique : à coup sûr, ces dépenses ne peuvent être mises à sa charge; le simple bon sens l'indique. La réclamation du conseil municipal devient donc étrangère au maréchal; et le but que se proposait le journaliste de Toulon ou de Marseille, qui a rapporté le fait, se trouve manqué.

J'ajouterai que l'état de la dépense soldée, faite par M. le maréchal pendant son séjour à Toulon, a dépassé 5ooo fr.

Recevez, etc.

Le comte de LA MYRE-MORY,
ex-officier d'ordonnance de M. le
maréchal comte de Bourmont.

N° V (1).

ALGER.

La lettre suivante a été adressée à une maison du Havre par un négociant établi à Alger:

Alger, le 18 mai 1831.

MONSIEUR,

Voici le résumé exact de la situation des affaires commerciales sur notre marché. Notre prix-cou-

(1) J'ai pensé que les pièces suivantes, bien qu'elles ne se rattachent pas précisément aux sujets traités dans mon ouvrage, ne seraient pas sans intérêt : elles serviront à donner

rant vous présente la nomenclature des articles d'importation et d'exportation. Vous remarquerez que les premiers comprennent presque tous les comestibles et objets manufacturés en usage en Europe. En effet, à la suite de l'occupation, une population de 25 à 30,000 Européens (militaires, commerçans et artisans) s'est trouvée tout d'un coup implantée à Alger. Comme le pays n'offre, pour le moment, aucune ressource, elle est obligée de tirer d'Europe tout ce qui est nécessaire à ses besoins : toutefois, parmi les objets manufacturés, il en est un bon nombre qui trouve un dé-

---

une idée de l'état de la colonie et des singulières mesures que prend le cabinet du Palais-Royal pour faire prospérer une conquête que la monarchie légitime lui a léguée, et qu'il était de son devoir de protéger comme la source de nos richesses à venir. Il devait y envoyer des troupes aguerries, instruites, disciplinées, au lieu d'un ramas de gens, dont on semble avoir voulu se débarrasser en France, qui viennent offrir à Alger le spectacle de leur misère, et qu'on flétrit du nom de *Bédouins de Paris*.

La dernière expédition faite dans l'Atlas, et dont les résultats ont été si fâcheux, est une nouvelle preuve de la maladresse ou de l'insouciance du gouvernement sur le sort de notre nouvelle colonie : puisse-t-elle au moins faire apercevoir la faute qu'on a commise en rappelant le général Clausel, dont les talens militaires et les vues administratives avaient déjà été si utiles au pays, et qu'on a sacrifié à de petites jalousies de métier et à de ridicules intrigues de bureaux!

bouché assuré chez les Maures, les Israélites et les autres indigènes, comme, par exemple, les schalls, les mousselines, le fer, l'acier, quelques objets de quincaillerie, les draps légers, etc., etc., etc. A mesure que l'empire de la civilisation, et surtout celui de l'habitude, rendront nos communications plus sûres et plus faciles avec les habitans de l'intérieur, on peut espérer de voir nos débouchés de marchandises manufacturières augmenter dans une progression très-considérable, progression qui se fera remarquer simultanément pour les articles d'exportation, produits de l'agriculture des indigènes, et qui servent d'objets d'échanges. Pour le moment, le nombre des articles d'exportation est très-limité ; il est également susceptible de recevoir un grand développement.

Un sol presque vierge, chargé d'épaisses couches de terre végétale, situé sous une latitude chaude qui développe rapidement les germes de tous les végétaux des tropiques, ne demande que des bras et des agriculteurs éclairés, pour produire abondamment les céréales, le vin, le coton, l'indigo, le café, le sucre, et en général toutes les denrées trans-atlantiques que nous sommes obligés d'aller chercher dans un autre hémisphère. Déjà bien des employés supérieurs et des négocians, imbus de l'idée que les terres qui sont situées à peu de distance de la ville doivent acquérir un jour une grande valeur, ont fait des acquisitions importantes en propriétés rurales, qui produisent dès aujourd'hui un intérêt élevé du capital déboursé, et qui sont susceptibles de les faire décupler un jour. Les Turcs et les Maures, qui se sont décidés à quitter le pays, réalisent volontiers les immeubles; ce qui, joint aux vastes propriétés de l'ancien dey, que l'administration française va sans doute mettre en vente, et aux concessions de terrain qu'on doit faire dans la vaste et fertile plaine de Mitidjah, permet d'espérer que l'on pourra encore, pendant quelque temps, faire des achats avantageux. Nous voudrions pouvoir vous donner l'évaluation approximative d'un hectare de terre; mais il a si peu de prix, qu'on achète en bloc champs et maisons, et qu'on se dispense de les mesurer. Il suffira de vous dire que, pour une somme de 5 à 10,000 fr., on achète une propriété d'une assez grande étendue, dont la majeure partie des terrains est en rapport, et sur laquelle se trouve bâtie ordinairement une maison de campagne plus ou moins élégante, dont les colonnes et l'architecture mauresque, si bien appropriées au climat, rendent le séjour très-agréable.

Nous avons déjà emplette, par ordre et procuration, diverses propriétés importantes : nous nous chargeons de leur trouver un gérant, et de le surveiller. Rien ne pourra plus contribuer à la civilisation de l'Afrique et à la prospérité de notre colonie, que les entreprises agricoles. Il serait à désirer que, par esprit de patriotisme, autant que dans une vue d'intérêt, les capitalistes français se déterminassent à acquérir, pour une somme modique, une terre à Alger, comme les seigneurs de Saint-Pétersbourg ont un vignoble à Sandai, en Crimée.

On ne doit pas perdre de vue combien les distances sont, en quelque sorte, diminuées par l'admirable facilité des communications que nous devons à la civilisation moderne : il est fortement question d'établir un service régulier entre Marseille et Alger, au moyen de bateaux à vapeur. Nous ne doutons pas que cette entreprise ne soit fortement secondée par le gouvernement ; et quand elle sera montée, il suffira de deux jours pour se rendre de Marseille à Alger. Le système des douanes établi dans notre colonie, est tout simple ; tous les objets d'importation sont évalués à leur arrivée, et paient un droit de 4 pour 100 sur leur valeur par pavillon français, 8 pour 100 par pavillon étranger. Nous nous occupons d'établir des comptoirs à Bonne et Oran ; nous aurons aussi un agent à Tunis, où nous nous proposons d'établir plus tard une succursale avec des capitaux indépendans.

N° VI (1).

NOTES

SUR LES AUXILIAIRES D'AFRIQUE.

A mesure qu'arrivaient à Alger les volontaires parisiens, on les organisait en bataillons qui, jusqu'à nouvel ordre, s'administreront eux-mêmes. Les deux premiers, sous le commandement de MM. Duvivier et Duchausoy, sont barraqués à Moustapha-Pacha, à une demi-lieue d'Alger. Le 3ᵉ bataillon s'est organisé à la Cassauba, d'abord sous la direction de M. le capitaine Saint-Julien, aujourd'hui sous celle de M. le capitaine Forel. On avait promis à tous ces volontaires beaucoup plus qu'on ne pouvait tenir; aussi en est-il résulté

---

(1) Cet article, malgré le correctif apporté par *le Moniteur*, est remarquable, en ce qu'il prouve que le gouvernement a voulu se débarrasser à tout prix des *héros de juillet*, et qu'il les a enrôlés dans des espèces de régimens coloniaux. Il les a envoyés à Alger, sans réfléchir que des *soldats de barricades*, sans instruction et sans discipline, seraient plutôt une charge qu'un secours pour la colonie. Cet article, extrait d'un journal très-libéral, contient des aveux précieux à recueillir.

que l'on a fait des bataillons de mécontens. Si ces soldats pouvaient déserter, en moins d'un mois les rangs seraient prodigieusement éclaircis ; mais d'un côté la mer, et de l'autre les Bédouins, qui ne font point de quartier aux Français, servent plus que toute persuasion à les retenir au bercail. Sur vingt détachemens qui sont arrivés, il n'y en a que deux ou trois qui ne soient point de Paris : l'un est, je crois, de Rouen, un autre de Lyon. Bonne partie des combattans de juillet sont parmi eux. Le gouvernement leur avait fait délivrer, tant à Montargis qu'à Toulon, quelques méchantes guenilles qu'on qualifiait pompeusement d'*effets militaires* (deux chemises, une paire de souliers, une capote, un bonnet de police et un pantalon); beaucoup d'entre eux avaient vendu quelques effets avant de quitter la France, en sorte que maintenant ils sont dans un dénuement absolu : c'est au point que plusieurs hommes de chaque compagnie manquent totalement de chemises, et beaucoup d'autres marchent pieds nus. Je me demande tous les jours si le gouvernement n'aurait pas eu un autre moyen de récompenser des hommes dont le noble courage lui a donné l'existence, et si, après avoir dit à un grand nombre qu'on voulait ici les coloniser et leur faire donner des terres à cultiver, il est juste de les enrégimenter et de leur faire faire des à-droite et des à-gauche sous le soleil brûlant de l'Afrique. Est-il humain de prédire que les chaleurs que l'on ressent dans ces contrées vont décimer les rangs de ces malheureux? Ce que j'écris ici n'est point exagéré, car je ne parle que de choses qui sont à la connaissance de toute l'armée. Il semblerait qu'on prend à tâche de les rendre encore plus malheureux qu'ils ne le sont; car, chez beaucoup d'administrateurs et chefs militaires, on ne les traite que de *brigands* ou *Bédouins de Paris*. Ce qui rend la position de ces hommes encore plus pénible, c'est de voir à leurs côtés, dans la même caserne, des soldats du 28e, Français comme eux, qui portent des vêtemens dont ils n'ont pas à rougir, et que la vermine ne couvre pas comme les leurs. Les deux premiers bataillons ont enfin obtenu des armes, et leur bonne volonté est telle qu'on peut quotidiennement les voir dans la plaine s'exercer et s'instruire, sans avoir un lambeau de chemise pour couvrir leur corps, où l'on pourrait trouver plus d'une cicatrice qui date du Louvre et des Tuileries, sans avoir une paire de souliers qui leur facilite la marche sur le sol rocailleux où on les exerce. Le 3e bataillon, moins heureux que ses aînés, n'a pu encore obtenir des armes; on peut même judicieusement penser que la méfiance qu'ils inspirent à quelques chefs est le plus puissant véhicule qui s'y oppose.

Un mot maintenant sur les officiers. La plus

grande partie de ces derniers a été envoyée ici sous le patronage de M. Lacroix : mais pourquoi avoir fait délivrer des feuilles de route et accorder des traitemens suivant les grades donnés par le général Lacroix, pour qu'en arrivant à Alger on dise à ces mêmes officiers, bien ou mal nommés, que le ministère les reconnaîtrait comme lieutenans, si leur conduite répondait à ce que le gouvernement attend d'eux? En sorte que ceux qui se félicitaient de porter des épaulettes de capitaine sont incertains aujourd'hui si on leur permettra de se décorer de celles de sous-lieutenant. Mais seulement on peut dire que ceux de ces messieurs qui peuvent faire de bons officiers ne se considéreront pas comme bien et dûment récompensés avec une épaulette de sous-lieutenant, et que les autres seront toujours une charge pour les budgets et une pierre d'achoppement pour l'organisation et l'instruction des régimens auxquels ils appartiendront. Comme en toute chose il faut faire la part de chacun, on doit dire que, parmi les volontaires venus de France, il en est qui méritent peu de faveur : mais que les bons ne pâtissent pas pour les mauvais; et comme tout s'épure au creuset du temps, on pourrait déjà désigner les individus dont, à tout prix, il faudrait débarrasser le corps.

Chacun des bataillons auxiliaires d'Afrique

compte environ neuf cents hommes à l'effectif ; les détachemens qui viendraient maintenant seront versés aux Zouaves, pour compléter leurs compagnies. Plus tard, les autorités seront appelées à supprimer l'infanterie maure, avec laquelle on ne fera jamais rien, tandis que la cavalerie peut arriver à une passable organisation. Les Zouaves, en grande partie formés de Parisiens, prendraient alors le même titre que les bataillons auxiliaires d'Afrique.

N° VII (1).

Les volontaires parisiens, actuellement auxiliaires d'Afrique, sont représentés, dans *le National* du 3 de ce mois, comme *étant dans un dénuement absolu, n'ayant reçu en France, avant leur embarquement, que quelques méchantes guenilles qu'on qualifie pompeusement d'effets militaires.*

Le récit exact des faits et de la situation actuelle répondra suffisamment à ces accusations.

On sait que les premières réunions de ces vo-

(1) La réponse du *Moniteur* est aussi curieuse que l'article même ; elle en est le complément. Ces deux documens sont bons à conserver.

lontaires furent spontanées et sans le concours et la participation des autorités militaires ; mais ils ne tardèrent pas à s'apercevoir qu'ils ne pouvaient pas se passer des secours du gouvernement, sans lequel une pareille organisation ne pouvait avoir lieu. Le ministre de la guerre ayant reconnu que c'était une occasion d'assurer l'existence d'un grand nombre de militaires qui pouvaient contribuer à la défense de notre position en Afrique, s'empressa de seconder et même de diriger ce premier élan. On forma des détachemens, commandés par des officiers provisoires : une solde et des vivres leur furent alloués, en France, pendant leur route ; ils reçurent des effets, dont la valeur peut être évaluée à 60,000 fr. environ.

A leur débarquement en Afrique, ils arrivèrent en effet dans un assez grand dénuement ; mais c'était leur faute : n'étant pas surveillés, ils avaient vendu, dans leur route, les effets qui leur avaient été distribués. L'intendant de la 8ᵉ division militaire fut chargé de passer des marchés pour tous les objets nécessaires à cette nouvelle troupe, et le montant de ces marchés ne s'éleva pas à moins de 300,000 fr. Journellement on expédie ces effets à Alger, à mesure de leur fabrication ; et pour obtenir des résultats plus certains, on a fait confectionner à Paris des habits, dont un millier doit être arrivé maintenant à sa destination. Un des officiers supérieurs de ce régiment est à Toulon pour presser l'envoi de diverses fournitures. Le colonel et le major s'occupent à Paris, avec activité, des dispositions propres à compléter ce nouveau corps ; ils doivent se rendre incessamment à Alger.

L'organisation régimentaire étant la seule convenable pour tirer parti de ces auxiliaires, le roi vient d'en former le 67e de ligne ; et la France comptera bientôt un bon régiment de plus, qui pourra rivaliser avec les 65e et 66e formés récemment à Paris, et qui déjà peuvent se montrer en ligne avec les plus anciens corps.

Ces détails suffisent pour rectifier l'article du *National*, qui, nous n'en doutons point, aurait, s'il les avait connus, donné des renseignemens plus exacts : seulement, il lui eût été facile de se les procurer. (*Moniteur.*)

FIN.

Librairie de G. A. Dentu.

SOUVENIRS

DE LULWORTH,

D'HOLY-ROOD

ET DE BATH.

Un vol. in-18, grand-raisin satiné. Prix : 3 fr.

TROIS ANS

AU PALAIS-BOURBON.

PAR LE GÉNÉRAL LAMBOT,

Aide de camp de feu Mgr le duc de Bourbon, dernier prince de Condé.

In-8º. Prix : 2 fr.

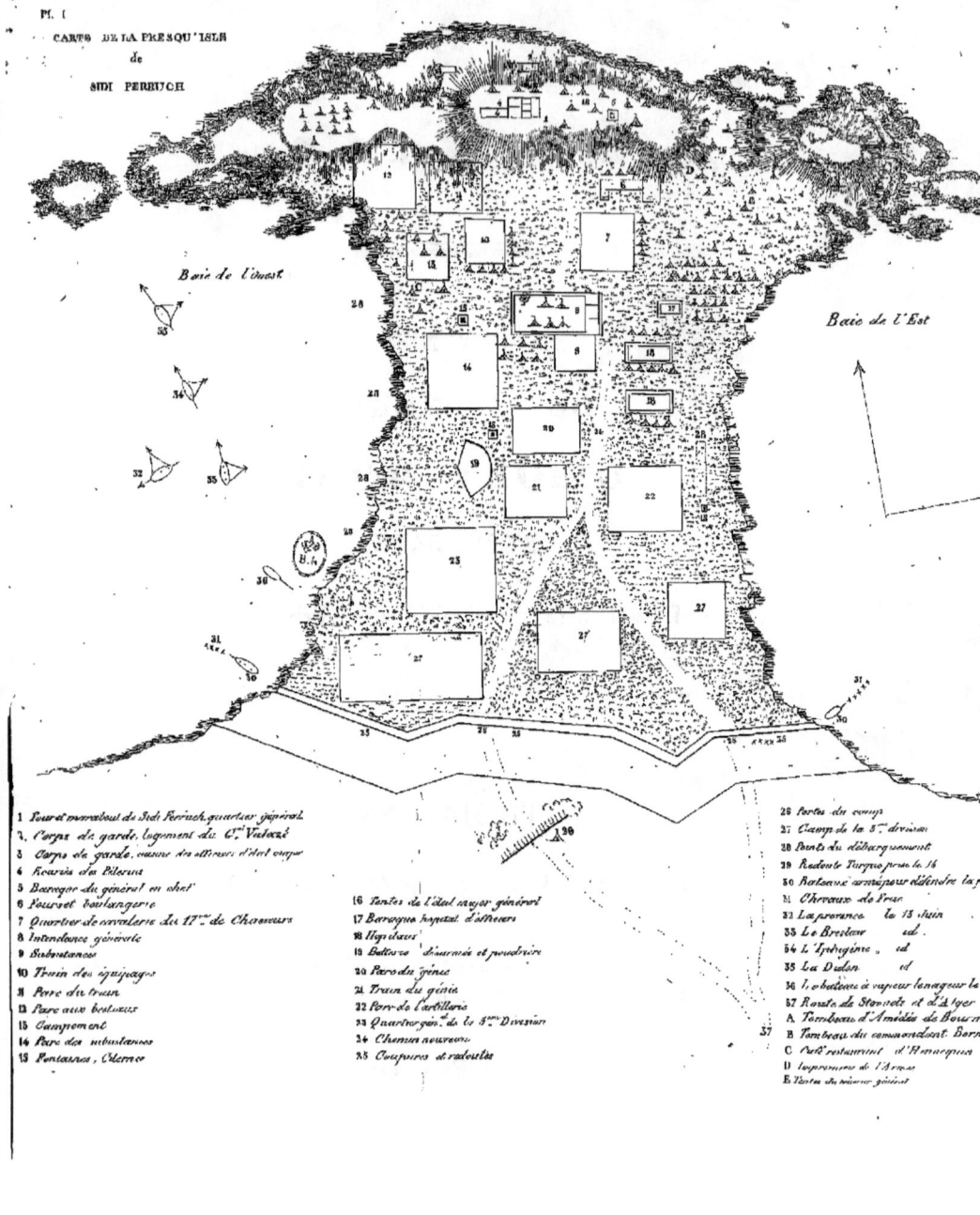

Plan de TORRE CHICA, de la mosquée du tombeau du Santon et du logement du Marabout de SIDI-FERRUCH

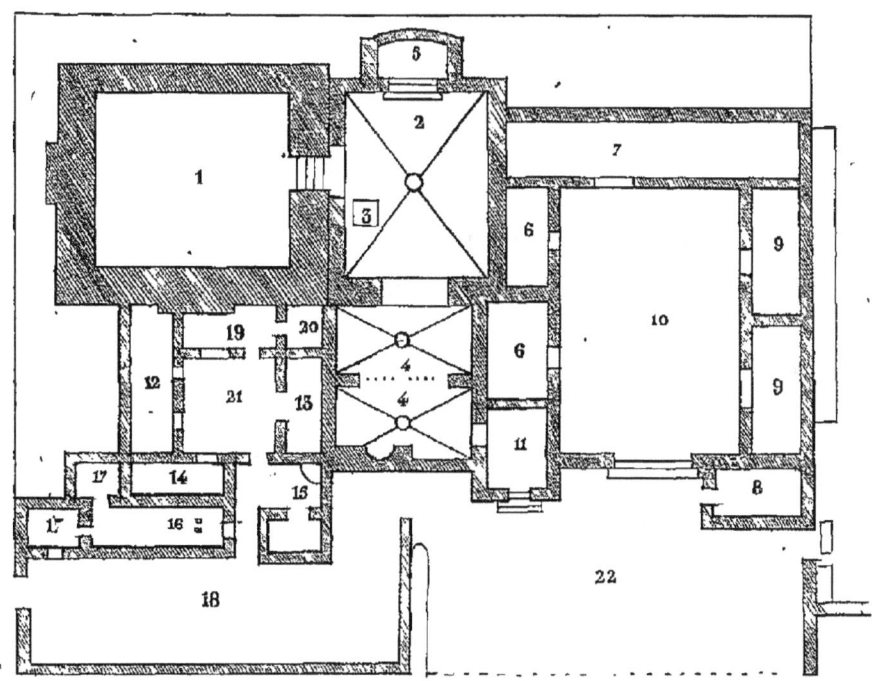

1. Tour de Torre chica
2. Chapelle du tombeau, chambre du général en chef
3. Tombeau du Marabout
4. Mosquée, cabinet et salle à manger du général en chef
5. Sanctuaire
6. Logement du général Desprès
7. Logement du général Tolozé
8. Fournil, cabinet du général Desprès
9. Logement des aides de camp et officiers d'ordonnance
10. Cour
11. Petit Porche
12. Poste aux lettres
13. Logement du colonel Bartillot
14. Logement des volontaires
15. Cuisine du général en chef
16. Terrasse du télégraphe de nuit
17. Logement de M. Saint Hooven
18. Cour servant de Passage
19. Logement des Secrétaires
20. Logement des interprètes
21. Cour
22. Terrasse du quartier général
23. Écuries

} Cellules casemates servant de logement aux Pèlerins

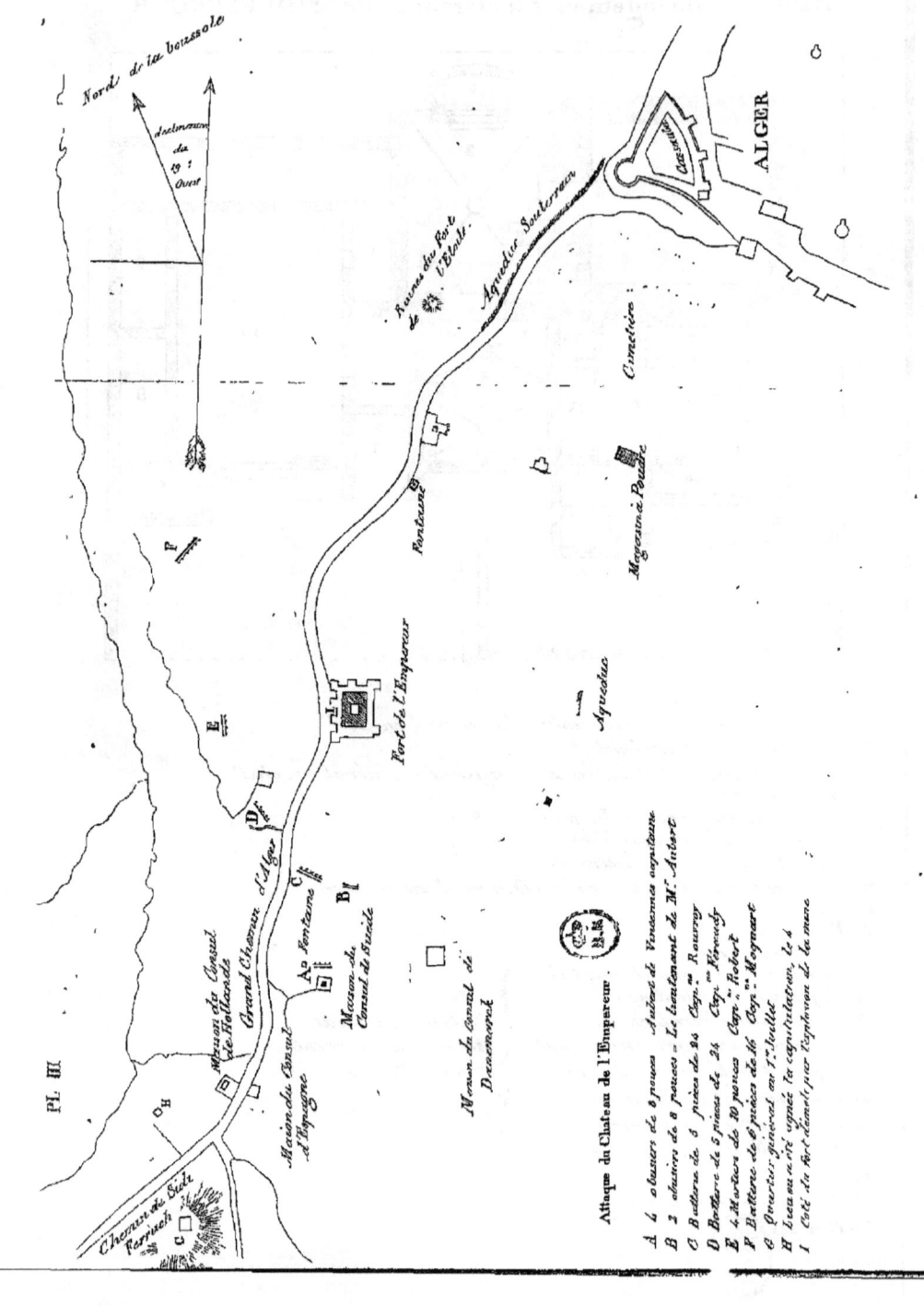

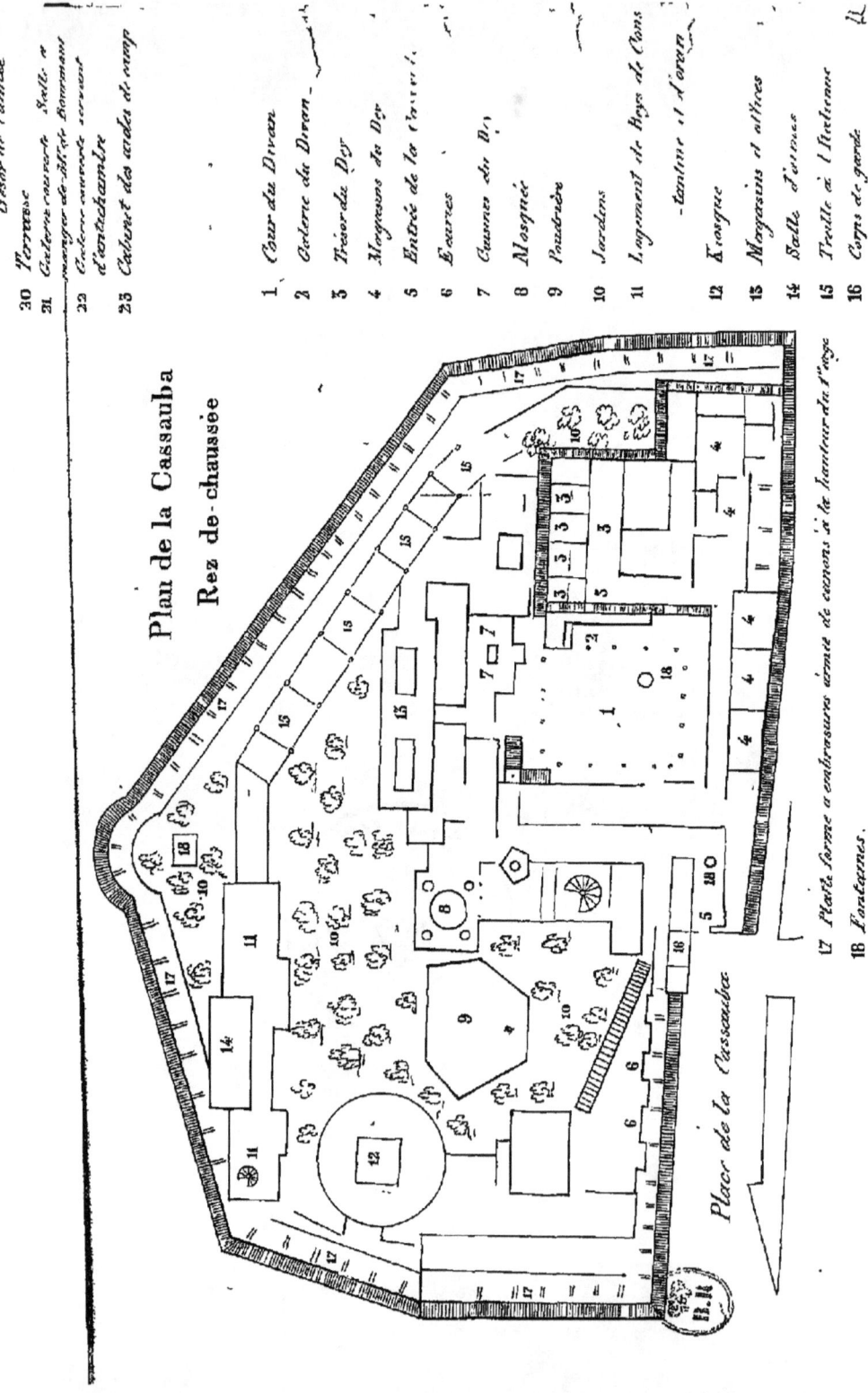

Pl. IV

Plan de la Cassauba 1er et 2me Etage.

Appartements du Dey
1 - Cour du Divan.
2 - Chambre à coucher de Mr. de Bourmont
3 - Chambre des officiers de service
4 - Cabinet de Mr. de Bourmont
5 - Logt. du Gén.al Labitte
6 - Logt. de Mr. Ferino
7 - Logt. du Cte. Duperré
8 - Logt. des officiers de l'état major général

Harem
9 - Bains du Harem
10 - Magasins et garde meubles
11 - Logt. d'officiers d'ordonnance
12 - Cuisine servant de salle à manger de Mr. de Bourmont
13 - Corps de Garde d'artillerie

14 - Domestiques
15 - Pouderie
16 - Mosquée
17 - Poste aux lettres
18 - Logement de Mr. Denure
19 - Intendance de l'armée et trésor de l'armée
20 - Terrasse
21 - Galerie couverte salle à manger de Mr. de Bourmont
22 - Galerie couverte servant d'antichambre
23 - Cabinet des aides de camp

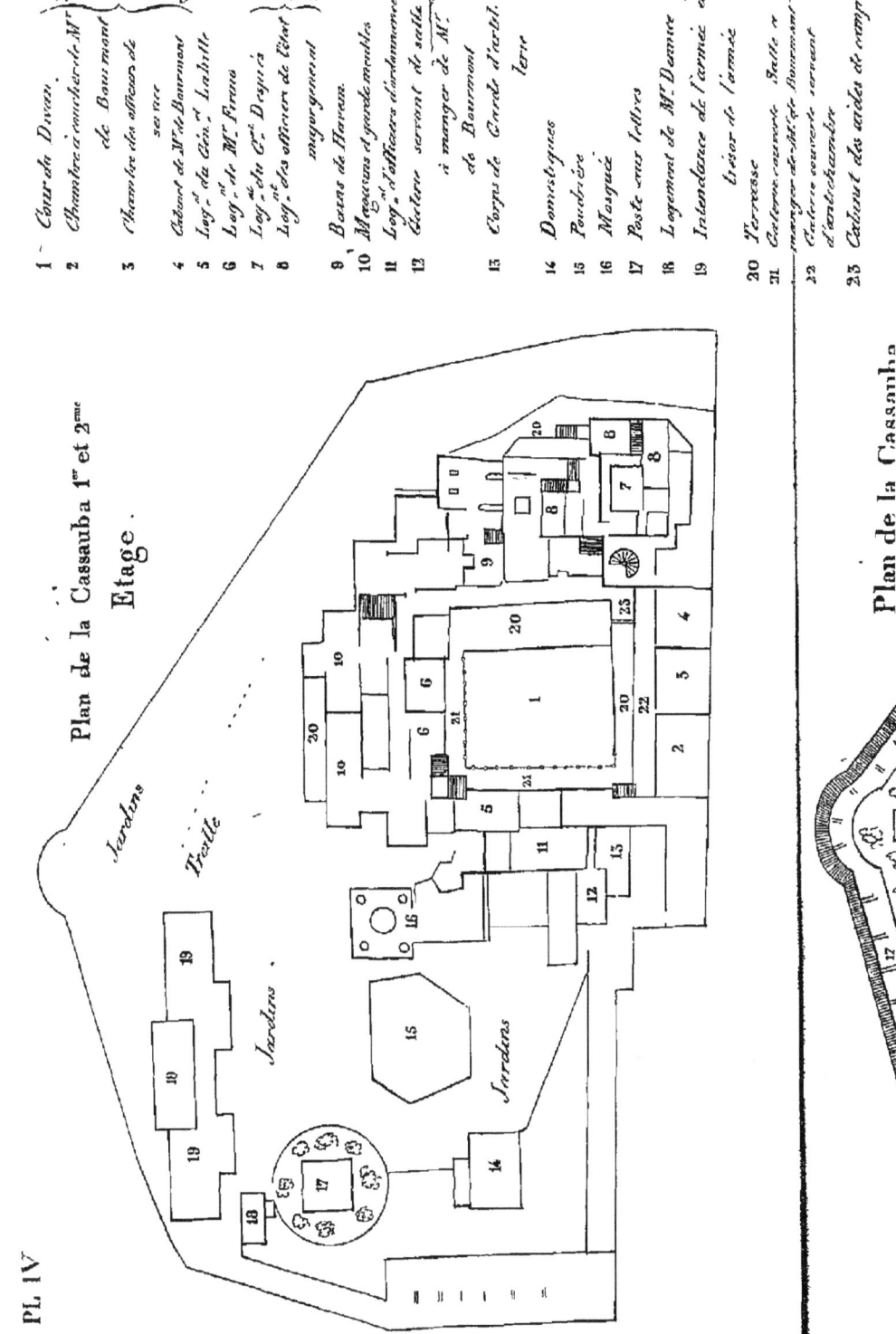

Plan de la Cassauba

www.ingramcontent.com/pod-product-compliance
Lightning Source LLC
Chambersburg PA
CBHW070607160426
43194CB00009B/1213